复旦卓越·21世纪管理学系列

生产与运作管理

吕文元 著

PRODUCTION AND OPERATIONS MANAGEMENT

复旦大学出版社

内 容 提 要

本书旨在将管理相关专业本科生培养成生产运营经理，同时提升生产管理实务者的管理水平。内容安排的主线：企业发展目标—组织结构设计、生产系统布局—生产计划—库存管理—生产作业计划—生产作业的控制。

本书每一章都设置有学习目标、基本概念和习题等模块，重要知识点设有思考题，可启发读者思考。本书内容丰富，实用性强。

本书可作为高校工业工程、信息管理、工商管理、管理科学与工程本科生专业教材，也可用于企业管理人员学习与培训。

  编写本书的目的是为制造业培养生产经理,帮助生产经理熟悉制造企业的生产流程、任务要求和运作模式,掌握生产管理的主要职能,初步具备分析和解决生产管理问题的能力。

  本书的内容包括:(1)根据企业发展战略目标,设定制造部门的任务,设计组织结构,以及开展生产系统的布局设计工作。(2)产品需求预测,包括定性预测方法和定量预测方法。根据产品需求预测企业的年度利润目标,以及接到的订单,制订综合计划。优化产品品种,确定每个月的生产数量、库存量及工人数,实现市场需求与企业供给、订单与企业生产能力、订单与企业生产资金实力三者之间的平衡。(3)独立需求管理(库存管理)和相关需求管理(MRP),解决物料采购计划制订以及库存管理问题。(4)生产能力核算与生产作业控制。通过上述技术和管理措施,确保生产过程的连续性、平衡性、均衡性(品种、产量的均衡)及生产柔性,从而提高生产率、降低物料库存量、提高产品质量,最终实现企业良好的经济效益目标。

  当企业夯实管理基础,即管理流程清晰、生产信息齐全并反馈及时、产品质量稳定,根据订单多少,在一定范围内调整生产率,这时企业管理信息化时机成熟。在此基础上,进一步借助量化模型开展定量化决策,以及利用大数据技术,探索开展智能企业管理,从而为实现车间智能管理、探索本土企业模式打下良好基础。

  生产运作内容很多,加之作者学识有限,错误在所难免。敬请广大读者和同行批评指正。

目录

第一章 绪论 ································· 1
  第一节 目的和研究对象的界定 ···················· 1
  第二节 生产与运作管理的目标、内容和流程 ········ 3
  第三节 生产与运作管理的框架 ···················· 6
  本章小结 ······································· 8
  习题 ·· 8

第二章 制造部门的任务和组织结构的设计 ········· 10
  第一节 长期发展战略的目标及流程 ················ 10
  第二节 年度利润目标的确定 ······················ 12
  第三节 制造企业组织机构的设计 ·················· 14
  本章小结 ······································· 23
  习题 ·· 24

第三章 需求预测 ······························ 25
  第一节 需求预测概论 ···························· 25
  第二节 定性预测方法 ···························· 28
  第三节 定量预测方法 ···························· 31
  第四节 预测精度与预测监控 ······················ 39
  第五节 高级定量预测方法 ························ 44
  本章小结 ······································· 54
  习题 ·· 55

第四章 基于SLP的生产系统布局 ················· 57
  第一节 生产过程以及生产单位组成 ················ 57
  第二节 布局设计的原则 ·························· 60

第三节 系统布局设计 …………………………………………… 61
本章小结 ………………………………………………………… 78
习题 ……………………………………………………………… 78

第五章 综合计划

第一节 企业计划的分类 ………………………………………… 79
第二节 什么是综合计划 ………………………………………… 80
第三节 制订综合计划的依据 …………………………………… 81
第四节 制订综合计划的策略 …………………………………… 82
第五节 应用试错法制订综合计划 ……………………………… 85
第六节 收益管理 ………………………………………………… 90
本章小结 ………………………………………………………… 92
习题 ……………………………………………………………… 92

第六章 库存管理

第一节 库存管理概述 …………………………………………… 94
第二节 库存管理问题及控制方法 ……………………………… 98
第三节 库存模型 ………………………………………………… 106
本章小结 ………………………………………………………… 126
习题 ……………………………………………………………… 127

第七章 物料需求计划

第一节 MRP 概述 ………………………………………………… 128
第二节 MRP 结构 ………………………………………………… 130
第三节 MRP 的处理过程 ………………………………………… 135
第四节 MRP 中批量的确定 ……………………………………… 138
第五节 MRP 的拓展 ……………………………………………… 143
本章小结 ………………………………………………………… 148
习题 ……………………………………………………………… 149

第八章 生产能力管理

第一节 生产能力概述 …………………………………………… 151
第二节 粗能力计划 ……………………………………………… 153
第三节 细能力计划 ……………………………………………… 159

本章小结 ………………………………………………………… 167
　　习题 ……………………………………………………………… 168

第九章　生产作业的控制 ………………………………………… 169
　　第一节　生产调度概况 …………………………………………… 169
　　第二节　生产作业的排序 ………………………………………… 171
　　第三节　生产现场管理 …………………………………………… 177
　　本章小结 ………………………………………………………… 182
　　习题 ……………………………………………………………… 182

参考文献 …………………………………………………………… 183

第一章 绪 论

1. 掌握生产与运作管理的概念、目标；
2. 重点掌握生产与运作管理的内容和业务流程；
3. 深刻体会企业竞争的重点以及生产总经理的意识；
4. 了解生产计划与控制的体系，以及生产管理发展史中各个阶段代表性观点及各自的适用性。

基本概念

生产　运作　生产与运作管理

第一节　目的和研究对象的界定

一、目的

编写本书的目的：为制造业培养负责生产的副总经理，简称生产经理。所培养的生产经理应具备以下两个方面的特征：

（1）熟悉制造企业的生产流程、任务要求和运作模式。掌握生产管理的主要职能，这些职能包括：

① 在总经理领导下，与销售、财务部门负责人一起，制订综合计划；
② 负责制订年度生产计划；
③ 生产物料的采购、库存管理和投放；

④ 生产流程设计与优化；
⑤ 车间作业的计划与控制、现场管理；
⑥ 生产设备、工具、夹具的维护和管理；
⑦ 在制品进度、数量和质量的控制；
⑧ 计件制和车间人员的激励；
⑨ 组织结构的设计与优化。

(2) 初步具备分析和解决生产管理问题的能力。如有可能和兴趣，进一步对这些管理问题和解决方案进行提炼，形成具有理论高度、可推广应用、符合中国企业实际情况的管理方法和管理模式。

二、研究对象的界定

本书研究对象只限于制造业，特别是机械制造企业。从生产经理的视角，研究有关生产运营管理问题。这些问题包括：

(1) 根据企业发展战略目标，特别是企业的年度利润目标以及接到的订单，制订综合计划。优化产品品种、确定每个月的生产数量、库存量以及工人数。协调市场需求、企业生产能力和财务之间的冲突，实现市场需求与企业供给平衡、订单与企业生产能力、订单与企业生产资金实力三者之间的平衡。

(2) 具体到投产时，主要解决生产物料决投放量、投放时间、生产进度和产品质量控制等问题；做好在制品的生产与控制工作。

(3) 生产能力的核算，以及根据实际需求，调整季度或月度的生产计划。

(4) 每年根据生产产品的变化、生产技术进步和新工艺、新设备的引进，改变生产车间布局；对生产线平衡，找出生产线新的瓶颈；持续改进设备点检制。

(5) 开展工作研究；改进产品加工方法、测定主要产品重要工序的加工工时。在工时测定的基础上，核实关键设备、车间的生产能力；修订工人计件工资，激励工人完成零件加工任务。

(6) 生产信息的收集、整理。根据生产日报信息、突发事件，召集各部门负责人开会，协调解决生产各种问题。

通过上述技术和管理措施，确定生产过程的连续性、平衡性、均衡性（品种、产量的均衡）及生产柔性，即对产品品种、产品订单数量变化的适应性，从而有效地提高生产率、降低物料库存量和设备故障停机率、提高产品质量，最终实现企业良好的经济效益目标。

第二节　生产与运作管理的目标、内容和流程

一、什么是生产与运作管理

生产(production)指工厂有形产品的制造,而运作(operations)则指提供劳务的活动。为了区分"production"和"operations",我们将它们分别译为"生产"和"运作"。现在将两者都称为"生产运作"或"运作"。

随着服务业的发展,生产的内涵得以延伸和扩展。我们将创造财富的过程统称为生产。从一般意义上讲,生产是一切社会组织将它的输入转化为输出的过程。见图1-1所示。

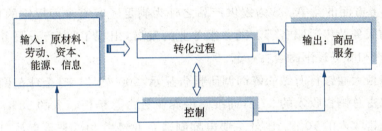

图1-1　组织的输入输出生产过程

二、生产运作管理的目标、内容和流程

1. 生产运作管理的目标

生产运作管理的目标就是追求生产系统的投入产出比,具体来讲,即是高效、低耗、准时地生产合格产品和(或)提供满意服务。

企业目标主要是追求利润。企业通过为社会提供产品或服务,为客户创造价值,获得合理利润。在市场经济环境下,企业之间为争夺目标市场而展开激励竞争。其竞争的重点在于四个方面:(1)成本(cost, C);(2)质量(quality, Q);(3)时间(time, T);(4)服务(service, S)。

(1) 成本的竞争。C指满足顾客对产品和服务在价格和使用成本方面的要求;即不仅产品形成过程中的成本要低,而且在使用过程中的成本也要低。一般来讲,

市场上最有竞争性的商品:质量好并且价格低廉。因此,生产与运作管理的首要目标是追求产品的低成本。原因在于:

$$利润 = 价格 - 成本 \qquad (1-1)$$

假定一个产品的成本占 90%,销售利润为 10%。只要成本降低 10%,意味着增加一倍的销售收入。产品价格由市场来决定,而产品的成本由企业说了算。

（2）质量的竞争。Q 指满足顾客对产品和服务在质量方面的要求。产品的质量不仅关系产品的功效,而且对社会、人身安全等产生重要影响。"质量是企业的生命线"。因此,在追求产品低成本的同时,也要严格把关产品质量。应用丰田生产方式,对每件产品进行工序质量检测,做到产品质量好且价格低廉。实现其口号"同样质量的产品其价格最低"。

（3）时间竞争。T 指满足顾客对产品和服务在时间方面的要求,即准时交货、新产品快速上市。一方面新产品快速上市不仅可以占领市场,而且可以加快资金周转;另一方面,准时交货可以减少产品和在制品的库存量,提高顾客的满意度。

（4）服务方面的竞争。S 为提供产品之外为满足顾客需求而提供的相关服务,如产品售前服务及售后服务等。随着服务业的发展,出现了"生产＋服务＝服务性制造"。生产和服务逐渐融合在一起。

美国摩根大通银行所做的咨询调研报告显示,2000 年以来,全球范围内的电梯销售业务只占总销售收入的 35%,而维修保养业务占总销售收入的 55%,更新改造项目占总销售收入的 10%。国外主要电梯制造企业经营和盈利重点从电梯的制造和销售业务,转向安装、维修服务以及旧梯改造业务。通过给客户提供良好的售后服务,不仅大幅度增加收入,而且培养了客户的忠诚度,巩固市场份额。

上述四个方面的竞争,最终转化为企业在品牌上的竞争。良好的品牌能为产品提供溢价。统计表明:中国产品加工商出口的产品往往处于价值链的中低端,而外商凭借其产品设计方面的优势及拥有产品专利、品牌等知识产权方面的优势,处于价值链的高端,获取高额的利润。

例如,法国超市一个玩具的价格是 26 欧元,原材料成本 1.2 欧元,工本费加工费 0.8 欧元,我们中国人就挣了 0.8 欧元。法国人拿去了利润的大头,而我们以劳动力低成本、牺牲环境为代价,拿的却是利润的小头。即便是这样,外国人仍然认为我们抢了他们的就业机会,他们依然很不高兴……

因此,企业生产运营管理过程中,应该充分注重企业品牌的建立与维护,向价值链高端迈进,提高产品的溢价。

2. 生产与运作管理的内容

生产与运作管理是对生产系统的设计、运行与改进的管理,它包括对运营活动进行计划、组织与控制。

（1）生产系统的设计。包括产品或服务的选择和设计（新产品开发）、生产运作设施的定点选择和布置、流水线的设计和工作设计（指确定具体的任务和责任、工作环境以及完成任务，实现生产管理目标的方法。其目标一是满足生产率和质量的目标，二是使工作安全、有激励性、能使工人有满意感。）。系统设计对系统运行有先天性影响，直接影响到产品成本和产品竞争力，甚至决定企业的兴衰。

（2）生产系统的运行。企业根据市场的需求变化，生产合格产品和提供满意的服务。包括计划、组织和控制三个方面。

① 计划。解决生产什么、生产多少和何时出产的问题。包括预测产品需求，确定各种产品的产量，编制生产运作计划，做好人员班次安排，统计生产进展情况等。

② 组织。解决如何合理配置生产要素（资源），使有限的资源得到充分合理利用的问题。生产资源配置不同构成了不同的生产方式，典型的有福特生产方式、丰田生产方式。

③ 控制。解决如何保证按计划完成任务的问题。主要包括接受订货控制（订单接不接，以及接多少）、投料控制（投多少、何时投，关系到产品出产期和在制品数量）、生产进度控制（控制目的是保证零件按期完工，产品按期装配和生产）、库存控制（如何以最低的库存保证供应，最终达到服务水平面成本最低的目标）和成本控制等。

（3）生产系统的改进。在生产系统的生命周期内，不可避免地要对系统进行更新，包括扩建新设施、增加新设备；或者由于产品和服务的变化，需要对生产运作设施进行调整和重新布置。具体内容包括生产设备的维修管理、全面质量管理等。

3. 生产与运作管理的流程

企业管理的第一步就是企业环境研究①，企业通过市场调查和对政府政策法令、宏观经济形势及国内外、同行企业竞争形态的分析，做出需求预测，落实订货合同。

第二步是在环境研究和对企业能力分析②的基础上进行经营战略决策③，并制订经营计划④。经营计划包括开发计划⑤、产品销售计划⑥、生产计划⑦及财务计划⑪等。如果成品库⑫中有成品储备，则可按销售计划发货给用户；如成品储备不足，则通过生产计划。在正式生产前做好生产技术准备⑬和生产服务⑭。

生产技术准备包括设计准备和工艺准备；生产服务包括设备管理、能源管理、物资管理、运输管理等。经过生产技术准备和生产服务，按照生产计划的要求将产品图纸、工艺规程等技术文件，设备、工艺装备、能源、原材料、配件和劳动力等各项生产要素投入到生产过程中去。

生产过程组织⑮根据技术文件和生产计划的要求,把各项生产要素从空间上和时间上加以合理组织,以取得尽可能少的投入获得尽可能多的产出。为了保证产品质量,要对生产过程和生产技术准备过程及生产服务过程进行质量控制⑯,为了能以较低的成本生产产品,要对生产过程、生产技术准备过程及生产服务过程进行成本控制⑰。为了保证产品能按订货合同规定的期限交货,要对生产进度进行控制⑱,经常检查实际生产情况与计划的判别,并及时采取措施加以纠正,以保证生产计划的实现。

产品完工后即转入成品仓库,或按销售计划发送给客户,并进行售后服务⑲。产品发出后即可同客户进行财务结算,企业根据销售收入和生产费用、销售费用进行财务核算⑳。企业销售收入一部分用于补偿生产和销售过程中的各项费用,一部分用于产品开发,一部分以税金的形式上交给国家,余下的部分作为企业的净利润。

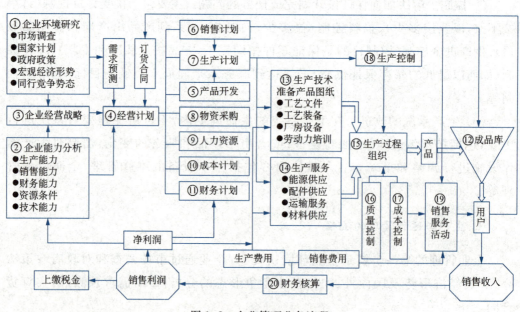

图1-2　企业管理业务流程

第三节　生产与运作管理的框架

本书的结构框架如图1-3所示。考虑生产总经理最主要工作为两个:一是确保系统有效性(战略制订);二是提高现有系统运营效率。因此,本书的教学依据"战略制订→在战略框架下,根据订单和预测结果制订生产计划→ERP 运行→采购计划、作业计划与控制→精益生产"这条主线来安排教学内容。

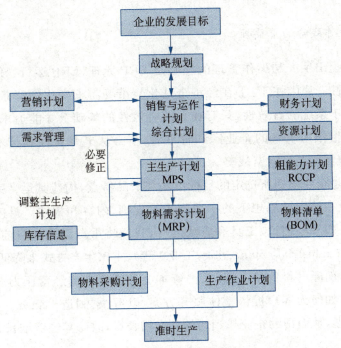

图 1-3　生产与运作管理的框架

具体内容包括:战略制订、需求预测、综合生产计划的编制、库存与供应链管理、MRP、车间作业计划与生产控制、准时生产(重点介绍 JIT)。其他一些内容,如新产品开发、工艺选择与设计、选址、布局、项目管理、质量管理,则不在本书讨论范围内。

本书主要特点如下:

1. 以 ERP 为核心

生产与运作管理主要是回答这几个问题:①市场需要什么(主生产计划,MPS)?②生产需要什么(产品结构清单,BOM)?③已有什么(库存信息)?④采购什么(采购计划)?⑤做什么(生产作业计划与控制)?这些问题及其答案正好是 ERP 系统的输入和输出。这就是本书核心内容为 ERP 的原因。

另一个原因:全球企业信息化的极速推进,IT 技术已经成为企业资源整合特别是流程再造的有力工具。IBM 每两年就会对全球 CEO 进行一次调查,其发布的《IBM2006 全球 CEO 调查》显示,那些 IT 与业务融合度较高的组织,比起那些尚未真正采取措施的组织,有着将近 2 倍的成本节省,将近 2 倍的品质及客户满意度提升,以及将近 3 倍的营收提升。

基于这一点认识,为了适应这种信息化的浪潮,本书在内容设置上以 ERP 原理、ERP 软件实践与运行为核心,从而达到新技术下的学生新型管理能力的培养目的。

2. 强调运作战略的重要性

虽然我们提出生产与运作管理的核心是 ERP 原理、ERP 运行。但是我们仍强调战略的重要性。原因在于:①在经济全球化与市场需求变化的背景下,现代企业竞争的焦点在于系统的有效性,只有在系统有效性的基础上才能追求系统的效率。②管理专业学生作为未来的企业家和管理者,不必从事专业性和技术性较强的工作,但需要知道如何制订运营战略。

运作战略是企业根据所选定的目标市场和产品特点,构造其运营系统所遵循的指导思想,以及在该指导思想下的一系列决策规则、内容和程序。具体讲运营战略时,除了讲解一般战略理论、工具和方法之外,我们将重点讲述在目前经营环境下,①如何应用 IE(industrial engineering,工业工程)、丰田生产方式来降低成本,以应对产品价格降低,而原材料价格上涨、人力资本上升所带来的经营压力。②随着服务业的迅速发展,如何为客户提供整体服务方案,以解决"制造+服务=服务制造"模式下运营的问题,从而帮助企业找到新的利润增长点,改变其经济增长方式。

 本章小结

本章系统介绍本书的内容、框架,要点如下:

1. 生产与运作管理是对生产运作系统的设计、运行与改进。它包括生产运作活动进行计划、组织与控制。

2. 生产运作管理的目标就是追求生产系统的投入产出比,具体讲来,即是高效、低耗、准时地生产合格产品和(或)提供满意服务。

3. 企业竞争的重点:成本(cost,C)、质量(quality,Q)、时间(time,T)和服务(service,S)。

 习题

1. 生产与运作管理的定义、内容和目标。
2. 为什么 ERP 是本书的核心内容?
3. 为什么运营战略很重要?
4. 生产经理目标、任务、管理内容是什么?要做好哪些工作?

5. "作为生产经理,主要任务是将产品生产出来,并保证产品的质量、按期交货。"这种想法对吗？有没有想过培养人才以及考虑如何激励员工？

6. 随着智能制造、电子商务、ERP、精益生产管理等新技术、新管理理念的出现,生产经理是否思考自己的企业如何应用这些新技术、新管理方法,实现企业自身的产业升级？

第二章
制造部门的任务和组织结构的设计

  学习目标

1. 了解企业竞争的重点;
2. 掌握如何设定企业的利润目标;
3. 掌握组织设计的原则、制造企业组织结构的形式。

  基本概念

投资报酬率　直线制　职能制　直线参谋制　直线职能参谋制　矩阵式

第一节　长期发展战略的目标及流程

经营企业需要制订战略,明确企业经营目标、经营内容和经营方式。

企业的经营成果不仅体现在财务指标,以及市场占有率,还应该体现在:①是否发展了新客户,并继续坚持以客户为中心的观念;②人力资源管理成果,包括行业内牛人数、青年骨干人才的储备与培养等。

长期发展战略的目标(经营目标)包括:营业额、利润率、投资回报率、附加值、市场占有率,如图2-1所示。

图2-1　发展战略目标

具体如表 2-1 所示。

表 2-1 公司发展战略目标的指标体系示例

策略	长期目标
1. 提高资产报酬率 2. 增加利润率 3. 增加市场占有率 4. 开拓新市场,多角化经营 5. 增加生产力 6. 组织结构调整,管理模式变革	1. 资产报酬率(税后)从 6% 增至 10% 2. 利润率从 40% 增至 70% 3. A 产品的市场占有率从 15% 增至 20% 　B 产品的市场占有率从 20% 增至 25% 4. 推出 C 新产品市场占有率 5%,收购某家企业 5. 购买新设备一套,新增生产线一条 6. 新增 IE 部,夯实生产部门管理基础,新增战略发展部,提高公司宏观调控能力

制订长期发展战略目标的流程如下:

(1) 建立长期发展战略的投资报酬目标。
(2) 将投资报酬目标分期,确定各产品的利润目标。
(3) 估计各产品的市场占有率;并根据市场占有率,推测各产品的销售额、销售成本。
(4) 加强新产品研究,优化产品组合,并预计产品优化组合后的经济效果。
(5) 降低成本,资金筹措,实现预期的投资报酬率目标。

例 2-1 假定某企业的风险为 6%,其他利息水准,及公司资本和负债数据如表 2-2 所示:

表 2-2 目标利润的计算

		资产与负债	金额	
平均股息分配率	18%	资本	5 000 万元	5 000 万元×18%=900 万元
公司债利率	16%	公司债	2 000 万元	2 000 万元×16%=320 万元
长期借款利息	15%	长期借款	1 000 万元	1 000 万元×15%=150 万元
短期借款及贴现率	13%	短期借款	1 000 万元	1 000 万元×13%=130 万元
		其他负债	1 000 万元	
		总资本	1 亿元	10 000 万元×6%=600 万元
				合计:2 100 万元

企业最低年利润为 2 100 万元,总资本 1 亿元。

$$投资报酬率 = \frac{年利润}{总资产} = \frac{2\,100}{10\,000} \times 100\% = 21\%$$

即年投资报酬率最低为 21%,投资报酬率目标 21%。

这家企业有 A、B、C 三种产品,利润 2 100 万元的目标分解到这三种产品:

A 产品 400 万元 + B 产品 1 500 万元 + C 产品 200 万元 = 2 100(万元)

估计 A、B、C 这 3 种产品的市场占有率、销售额、销售成本如表 2-3 所示:

表 2-3　各产品市场占有率及利润

产品 ①	市场占有率 ②	销售额 ③	销售成本 ④	利润 ⑤=③-④
1　A产品	20%	2 500 万元	2 100 万元	400 万元
2　B产品	30%	15 500 万元	14 000 万元	1 500 万元
3　C产品	10%	2 230 万元	2 030 万元	200 万元
		20 230 万元	18 130 万元	2 100 万元

考虑到产品更新换代速度快,除了努力生产和销售现金牛的畅销品之外,公司还要积极推出新产品。虽然新产品研发及新市场开拓具有很大风险,但是利润丰厚。另外,维持固定销路的稳定品,以及为了服务客户,提高商誉,生产一些牺牲品,吸引客户多多购买企业的畅销品与稳定品。

价格战是杀手锏,降低产品成本,对实现利润目标,达到预期的投资报酬率具有战略意义。由于成本分为固定成本和变动成本两部分,降低成本的方法如下:

● 固定成本主要是设备的折旧费用,以及固定人工费用,因此,提高设备的生产效率、以及工人的生产率,可以显著降低单位产品的固定费用。

● 减少变动成本方法包括:寻找替代材料降低原材料价格,提高产品质量,减少废品率。

在技术进步加快,以及人工费用大幅增加的新环境背景下,企业应加快机器设备的折旧,积极引进先进设备,设备代替工人。这样才能维持竞争优势。因此,制订发展战略和年度计划时,企业高层应筹集资金,支持设备更新和新技术引进工作。

第二节　年度利润目标的确定

1. 经验法

经营者根据以往企业经营的业绩,以及未来销售预测的数据制订年度利润目标。如人均利润是 4 万元/年,该厂共有 253 人,因此新一年利润目标:253 人×4 万元/(年·人)=1 012 万元。

2. 投资报酬率法

过度投资要冒很大风险,因此经营者注重投资报酬率,确保投资在适当年限收回,实现盈利目的。

$$\text{投资报酬率} = \text{利润率} \times \text{总资产周转率} \tag{2-1}$$

$$\frac{p}{c} = \frac{p}{s} \times \frac{s}{c}$$

式(2-1)中，p 为利润，c 为总投资（总资本），s 为总销售额。

该方法根据投资报酬率的目标，计算出企业的利润目标和销售额。

例 2-2 某企业利润率是 6%，总资本为 5 000 万元，总资产周转率为 1.5 次/年，投资报酬率为 1.5×6%=9%。根据企业的经营状况及预测，经营者认为投资报酬率提高到 15%。计算依据是：①将利润率从 6% 提高到 7.5%；②总资产周转率从 1.5 次/年提高到 2 次/年。试确定企业的年度利润目标，以及计算销售额是多少？

解：(1) 投资报酬率 = $\dfrac{\text{利润}}{\text{总资本}}$ ⇒ 利润 = 总资本 × 投资报酬率

利润 = 5 000 万元 × 15% = 750（万元）

(2) 总资产周转率 = $\dfrac{\text{销售额}}{\text{总资产}}$ ⇒ 销售额 = 总资产 × 总资产周转率

销售额 = 5 000 万元 × 2 = 1（亿元）

> **思考题**：如何有效地提高投资报酬率？

答：(1) 由于 投资报酬率 = 利润率 × 总资产周转率

$$\frac{\text{利润}}{\text{总投资}} = \frac{\text{利润}}{\text{总销售额}} \times \frac{\text{总销售额}}{\text{总投资}}$$

提高投资报酬率，实现经营者将投下去的总资产收回的想法，应从提高利润率和总资产周转率着手。但是利润率和总资产周转率的提高要相互配合，不能只一味增加某一项，投资报酬率才能显著提高。

3. 附加价值法

有些企业虽然销售额很大，但实际净利润很低，甚至亏损。长此以往将导致企业破产。因此，企业要关注附加价值的大小。

(1) 附加价值的计算：

$$\text{附加价值} = \text{生产总值} - (\text{原材料费用} + \text{燃料费用} + \text{电力费} + \text{间接税}) \tag{2-2}$$

或者：

$$\text{附加价值} = \text{报酬（薪资和津贴）} + \text{福利费} + \text{金融费用} + \text{股利}$$
$$+ \text{公司内保留盈余} + \text{各种税捐} \tag{2-3}$$

(2) 根据附加价值计算年度利润目标：

$$附加价值率 = \frac{附加价值}{销售额} \qquad (2-4)$$

$$利润率 = \frac{利润}{销售额} \qquad (2-5)$$

例 2-3 已知附加价值为 600 万元,附加价值率为 1/5,利润率为 9%,试计算销售额以及年度利润目标。

解:销售额 $= \dfrac{附加价值}{附加价值率} = \dfrac{600}{\frac{1}{5}} = 3\,000$(万元)

年度利润值 $=$ 利润率 $\times$ 销售额 $= 9\% \times 3\,000 = 270$(万元)

第三节 制造企业组织机构的设计

钱德勒分析了环境、战略和组织之间的相互关系,提出了"结构追随战略"的论点。即在战略实施上,要求企业组织结构与企业战略相适应。下面阐述企业组织结构设计的原则,详细论述制造企业组织结构的形式、优缺点及适用范围。

一、企业组织结构设计的原则

企业组织结构设计的原则包括:层次分明的原则、管理幅度适当的原则、集中领导和分级管理相结合的原则、保证管理信息沟通的原则。

1. 层次分明原则

管理机构的层次主要表现在如何处理好两种关系:一种是上下层次之间纵的关系,其中包括行政隶属关系和业务指导关系;另一种是同一层次的各个部门之间横的关系。所谓层次分明就是指这两种关系要有明确的界限和管理职能的划分。

管理层次多少要根据生产的特点、生产的规模、生产技术复杂程度和管理工作客观需要而定。对于规模大的公司和工厂,管理层次可多一些,反之可少一些。组织机构只有明确的层次划分和密切协调配合的工作关系作保证,才能成为强大的组织手段。

2. 管理幅度适当原则

管理幅度适当。所谓管理幅度就是每一管理领导人所能领导的人数。管理幅度与管理层次有着密切的关系。当管理幅度增加时,管理的层次就可以减少;反之管理的层次则增多。

例如,图 2-2 列出两种组织结构。第一种有三个管理层次,第二种有两个管理层次,但两者基层人数不变。前者最高领导 A 不直接领导 D、E、F、G,而是在他领导下,通过 B、C 去领导。后者最高领导 A 直接去领导 D、E、F、G,从而减少了一个管理层次。这种管理层次的减少是以增加 A 的管理幅度为条件,即由 2 人增加为 4 人。

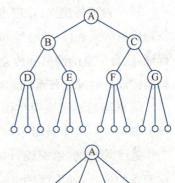

影响管理幅度的大小因素主要有三个方面:

(1) 领导人的精力、知识、经验和能力。领导能力强,精力充沛,管理幅度可大些。否则,增加管理层次,以避免由于管理幅度过大,难以及时解决和发现管理中各种问题。从而保证有效的指挥所属下级的管理工作。

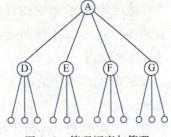

图 2-2　管理幅度与管理层次的关系

(2) 下属的精力、知识、经验和能力。如果下属能力强,则领导的管理幅度也可大些。

(3) 管理的性质和所负责任的大小有关。如果管理工作属于战略性决策问题,难度大而且又涉及全局。由于这类决策复杂,对企业的长远发展有重大影响。因此管理幅度适当小一些。至于基层的管理幅度,由于管理工作多属重复性工作,处理的问题也比较简单,影响程度也比较小,可以适当增加。

一般讲来,企业的上层管理幅度,可确定为 3—9 人。基层在 8—30 人为宜。

3. 集中领导和分级管理相结合原则

一方面,现代化大生产需要各生产单位之间、各管理部门之间,以及生产单位与管理部门之间的生产和业务活动相互协调配合。因此,从有利于统一指挥出发,管理的权力要适当集中,不出现或少出现各单位之间协作配合的失误。

另一方面,由于企业生产规模大,管理业务范围广,如果管理的权力过分集中,就难以解决各种管理业务中大量复杂的专业性非常强的问题。因此,针对现代化大生产的特点,管理的权力又必须适当分散。

如何正确贯彻集中领导和分级管理原则? 关键在于:处理好管理权力集中和分散的关系。根据不同管理层次的需要,把管理的权力适当下放给各管理部门及职能单位,使它们有权力处理所属范围内的各种管理工作。同时,要求下属定期上报情况,尤其是重大情况及时上报。加强对下属的检查与监督工作,使下属工作不脱离集中统一的指挥。

4. 保证管理信息沟通原则

科学管理的建立、管理水平的提高和管理机构作用的发挥,在很大程度上取决于管理信息的准确性、及时性和全面性。健全的管理机构必须有完善的管理信息系统作保证,注意信息的沟通和传递,以满足各个管理层次对管理信息的需要。为此,应在组织机构设计时规定各部门的职责,各部门是否有专人负责信息的收集、汇总和发送。

信息沟通不仅表现在信息自上而下,或者横向联系上,而且也表现在信息由下至上的反馈。为了及时了解下级的意见、想法和要求,以及工作过程中存在的问题、工作进度等情况,组织设计时要考虑如何加强上下级沟通与同级的联系。当然,企业的各种会议,如生产调度会、年终评定会等,有助于发挥管理机构的作用,使管理水平不断提高。

尽管电话、电子信箱、微信等新型通信工具极大地便利了信息沟通。但是各部门地理位置的接近性、各职能部门办公室距离很大程度上影响信息的沟通。因此,在全厂布局、同一办公室楼内各办公室安排上,要充分考虑到信息沟通便利性的问题。

二、制造企业组织结构的形式、优缺点及适用范围

不同的企业,管理机构有着不同的特点,存在着许多差异,即使在生产产品、生产规模、技术条件等方面完全或基本相同的企业,管理机构的设置也不尽相同。尽管如此,仍然在总体上可以概括成四种管理机构形式。

1. 直线制

这种管理机构形式之所以称为直线制(图2-3),其原因就是,管理机构中的上下级之间,是垂直的行政领导关系,单线的业务和责任联系。任何一个下级单位只对

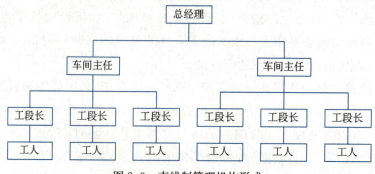

图 2-3 直线制管理机构形式

一个(又是唯一的)直属上级负责;同一层次上各级单位之间不发生直接的业务联系和责任关系。总经理和车间主任,以及车间主任和工段长之间是上下级关系。

该组织机构的特点:(1)作为领导者,既指导下属开展业务活动,又对下属行使行政管理权力;有效克服业务与行政管理隔离的弊端;(2)单一领导,不存在多头领导问题。

适用范围:直线制管理机构形式只适用于那些生产规模特别小,职工人数不多的企业。在这种企业里,由于管理工作比较简单,完全有可能由行政领导人来兼任,建立行政和管理业务统一的权力比较集中的管理机构。

2. 职能制

这种形式的特点,所有职能部门都有权根据本职能部门业务工作的需要,对下一级各个生产单位下达任务,进行领导,提出要求,从而使职能部门的地位发生了根本的变化,即变从属地位为领导地位(图2-4)。

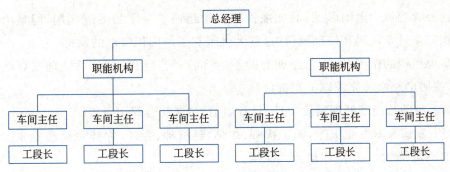

图2-4 职能制管理机构

这种形式的优点是缩短了管理的程序,减少了管理的工作环节,增强了面对面的领导与指挥,这对提高管理工作效率和加强管理业务的密切联系有一定的促进作用。

主要缺点:多头领导。由于各职能部门所处的地位不同,业务范围也有很大的差别。在这种情况下,又同时具有领导和指挥同一个下级单位的权力,难免在业务上出现相互矛盾,步调不一,甚至发生彼此对立和局面,致使被领导部门及个人无所适从。因此,这种形式不利于集中统一指挥,削弱了协调一致和密切配合的管理原则的贯彻。

3. 直线参谋制

生产规模较大,人数众多,管理业务复杂的企业,直线制就难以适应。为此,有必要单独设立承担管理职能的业务部门,作为各级领导的参谋或助手,以协助各级行政领导人做好管理工作。这样就产生了直线参谋制(图2-5)管理机构形式,但它仍保持着直线制的特点。

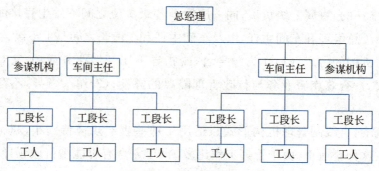

图 2-5 直线参谋制管理机构形式

为了加强管理工作,这种管理机构虽然设有某些参谋部门,但是这并不影响原有的行政和业务领导关系,即各参谋机构之间,参谋机构与下一级生产单位之间不发生任何业务往来。参谋机构的一切活动,包括为领导提供的咨询、计划、各类实施方案等,只能作为同级领导的参考。即使有些根据情况,认为有必要成为指示和命令下达给下一级去执行,但必须通过领导人批准。

这种管理机构组织形式,对加强管理工作起到了一定的促进作用,但是由于参谋机构完全处于从属和被动地位,这就大大限制了他们积极性的发挥。

参谋机构的作用:作为总经理的助手、咨询顾问、智囊,是对总经理领导能力的扩展,或协助总经理完成以下职责:

(1) 协助总经理处理紧急文件、日常通信、访谈和会议记录等。

(2) 发挥专家专业优势,如工程师、律师、经济师、会计,弥补总经理专业知识与能力的不足,辅助总经理作出重大决策。

(3) 组织战略、发展规划、年度计划制订。

(4) 纯粹的"秘书"工作(为总经理的决策或者行动收集材料)。

参谋机构应保持一定的独立性,当参谋分析结果与领导希望的出现结果相悖时,不能沉默不语。特别是当管理者出现"皇帝的新装"的情况,参谋人员一定要敢于讲出事实真相。

4. 直线职能参谋制

参谋机构进一步演化,即发展成为企业的职能部门。典型的职能部门如营销部门、财务部门,与企业生产运营部一起构成企业的三大核心部门如图 2-6 所示。

图 2-6 直线职能参谋组织(基本结构)

由于生产运营包括原材料采购、生产计划制订与控制、质量管理、设备管理、技术管理等,可在生产运营部门下设立各个科室。上述组织结构进一步细分如图 2-7 所示。

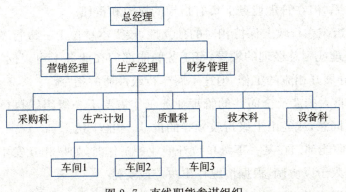

图 2-7　直线职能参谋组织

为了解决生产运营管理中突出的问题,加强一些生产运营管理某些职能工作。比如,企业产品质量突出,为了加强质量管理,质量科升级成为质量部,增设质量部经理一岗,行政级别上与生产经理同属一级,并直接对总经理负责;再比如为了加强新产品开发,提升生产水平,增设技术部等。总之,可根据公司业务的需要,增设不同的职能部门,典型的直线职能参谋制组织机构如图 2-8 所示。

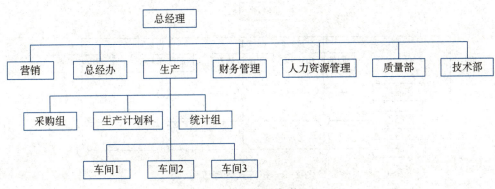

图 2-8　直线职能参谋组织

总经办主要协助总经理,做好接待和服务工作,如会议资料准备、整理与归纳、商务活动安排,或代表总经理对生产一线生产现场进行督查,维护生产秩序,加强生产安全。对于一般小企业,人力资源管理工作可由总经办负责。

直线职能参谋制吸引和保留了上述各种管理机构形式中的优点,又排除了它们的缺点和问题,成为现代管理机构最常见的一种形式。这种管理机构形式具有以下特点:

(1) 各级领导人是下属部门的唯一行政负责人,具有全面指挥和领导的权力,对所属范围内的工作,包括管理工作,负有全权处理的责任,以保证集中统一的领导和指挥。

(2) 职能部门对下一级组织，例如厂部职能科室对各车间或车间职能组，在行政上没有领导关系，但在管理业务上负有指导的权力和责任。

(3) 各级组织在行政上保持相对的独立性，接受本单位上一级行政的领导，如车间主任受总经理或副总经理的领导，至于各职能部门在业务上可以向下一级组织提出要求，并指导展开相应的工作，但这不属于行政性质的指令。

(4) 凡属重大的涉及全面性的管理业务工作需要下一级组织执行，必须经过该级行政领导的同意，或经由上级行政领导的批准，才能下达。

(5) 各级职能部门在某一下级单位开展业务工作时，如果相互发生矛盾，应由该单位行政领导人予以协调，根据情况作出决定或安排。

由于直线职能参谋制具有以上一些特点，这就可以既发挥各职能部门在组织管理工作中的主动性和积极性，同时又可以增强集中统一指挥，避免多头领导。

5. 矩阵式

矩阵式管理机构中每一个职能单位同时具有垂直方向领导关系和横向领导关系，这种管理机构称为矩阵式的管理机构(图 2-9)。

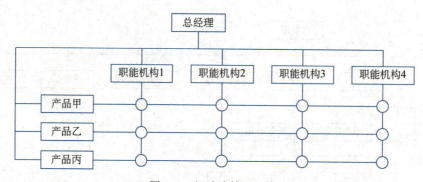

图 2-9　矩阵式管理机构

由于直线职能参谋制体现垂直方向的领导比较突出，而横向的领导必须通过间接关系才能实现，因此对某些横向关系十分密切的项目，就会出现领导不力、协作关系复杂的局面。为了加强对这类项目工作的领导，解决条块分割的问题，便于组织管理工作的发展，通常在不改变原有行政隶属关系的同时，由各职能单位派人参加临时的工作组织。这个临时组织在厂长领导下，由专人来负责领导。当这项工作完成之后，临时组织就撤销，人员返回原职能单位。

这种管理机构形式的优点是它具有灵活的特点，便于横向联系和协调工作，有利于单项工程连贯地进行，从而可以大大地缩短工程周期的时间。缺点是组织不够稳定，人员组成也带有临时性的特点，所以存在着当前任务和长远工作安排之间的矛盾。这种形式多适用于大型产品(如航天、航空产品)的研究任务的组织管理。这种组织形式较为少见,目前广泛使用项目管理的方式。

三、集团公司的组织形式

当公司的产品种类多,或者经营活动分散于各地区这一情况,可采用产品式组织和区域式组织。

1. 产品式组织

根据不同产品成立各独立的事业部。各个事业部设有总经理、并允许各事业部门设有独立的职能部门,如图 2-10 所示。产品式组织适用于公司拥有许多不同产品时,典型的如通用电气。

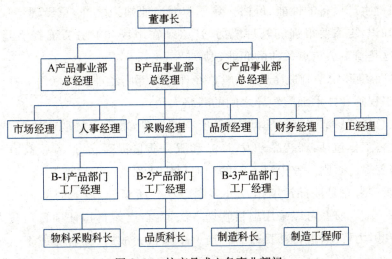

图 2-10 按产品成立各事业部门

产品式组织,主要优点:事业部总经理或产品经理,有权决定本事业部门的各种事项,故管理简便,有利于发展与本产品有关的各种职能业务。缺点:各事业部门相互割裂,不利于集团公司的整体发展。

2. 区域式组织

按区域划分为不同的组织单位。适合于组织活动分散于各个地区的大企业,如图 2-11 所示。

区域式组织,使各区域公司明确业务

图 2-11 按区域设置组织机构

经营区域以及客户服务的范围,既扩大了市场占用率,又有效地克服各区域公司之间恶性竞争的问题,有利于集团公司总体业绩的提高。缺点:各区域组织各自为政,难以协同发展,区域公司之间的矛盾时有发生。

四、各职位工作职责及相互关系

1. 总经理与分厂(车间)经理、职能部门关系处理

(1)总经理主要处理企业未来的收入、增长的问题。具体运作管理由相应的运营经理、销售经理、财务经理负责。

(2)总经理不能完全依赖职能部门人员来弥补自己在专业领域的空缺。总经理应该对企业所涉及的基本内容彻底了解,了解企业主导产品的结构,生产技术、流程与工艺,关键生产设备的性能、价格。除了掌握专业知识之外,总经理不仅应该拥有专业技术知识,更需要很强的管理能力,还必须在市场和财务方面拥有足够深的造诣。因为这是董事会重点关注的职能领域。

(3)在小型和中型制造企业,一般总经理与各部门经理直接联系。在大型工厂,经常是总工程师和技术部门领导之间的联络人角色。

领导(总经理、部门经理、车间主任)所有职责中,最重要的职责之一就是研究改善,这些改善工作包括:新产品开发、产品和服务质量提高、生产率提高、产品成本降低、人才培养等。否则一家停滞不前的企业很快被竞争对手超越。

但是管理者总是被日常工作及许多紧急任务所牵绊,没有时间开展改善工作。公司领导——总经理,可以采用项目管理方法,由自己亲自担任项目负责人,集中公司的人力和财力资源,进行项目改善。当一个项目完成后,接着完成下一个项目,当有计划、分步骤、系统地完成几个改善项目后,配合年度目标的完成,即可完成企业的发展战略目标。

当然,总经理也可选择副总经理或部门经理承担项目负责人。在这种情况下,总经理应给项目负责人授权,确保下属有资源和权力来完成改善项目。一般要专门召开全公司会议,宣布项目负责人、项目成员、改善项目的目标、任务分解以及任务分配(明确各任务的负责人)、进度安排等。一旦改善项目启动,总经理定期听取汇报,特别是关键任务是否按规定时间节点完成,并看与费用预算是否有很大的偏差。具体可参见《项目管理》相关书籍。

2. 生产经理

(1)生产经理与各部门经理一起,配合总经理完成制订企业发展战略、销售与运

营计划、综合计划；

(2) 制订年度生产计划；

(3) 督促各车间主任完成各车间生产任务。

3. 车间主任

(1) 制度本车间的月度、季度的生产计划；

(2) 控制生产投料数量、生产节奏；

(3) 加工任务的调度，进行赶工；

(4) 安排修理任务；

(5) 组织员工技能培训。

4. 领班（班组长）

集中时间精力监督产品的生产，处理生产过程中的问题（生产工具的短缺、及时供应加工原料、工人缺岗等），并为需要帮助的员工提供服务。确保产品加工的数量和质量。

5. 工人

(1) 产品生产；

(2) 每个班次生产任务单的填写；

(3) 设备操作人员对设备的日常维护保养；

(4) 参加 QC 小组，对生产过程中各个环节，提出改善意见，即改善提案。

 本章小结

1. 企业战略目标不仅体现在财务指标以及市场占有率，还应该体现在是否发展了新客户，人力资源管理成果。

2. 制订长期发展战略目标的流程如下步骤包括：建立长期发展战略的投资报酬目标。将投资报酬目标分期，确定各产品的利润目标。估计各产品的市场占有率；并根据市场占有率，推测各产品的销售额、销售成本。加强新产品研究，优化产品组合，并预计产品优化组合后的经济效果。降低成本，资金筹措，实现预期的投资报酬率目标。

3. 确定年度利润目标的方法包括：①经验法；②投资报酬率法；③附加价值法。

4. 企业组织结构设计原则包括：①层次分明的原则；②管理幅度适当的原则；③集中领导和分级管理相结合的原则；④保证管理信息沟通的原则。制造企业组织

结构的形式包括：①直线制；②职能制；③直线参谋制；④直接职能参谋制；⑤矩阵式。

 习题

1. 阐述公司发展战略目标的指标体系，以及公司如何制订企业的利润目标？
2. 企业组织设计的原则有哪些？
3. 制造企业组织结构的形式有哪几种？各种形式的特点是什么？目前最常采用的是哪些形式？
4. 试分析一个企业的管理机构，在分析其合理性的基础上，提出改进意见。

第三章 需求预测

 学习目标

1. 了解需求的概念、分类及对制订生产计划的意义;
2. 掌握 4 种定性预测方法:用户调查法、销售人员意见汇集法、高级管理人员集体意见法、德尔菲法;
3. 掌握主要的定量预测方法:时间序列法(移动平均法、加权移动平均法、一次指数平滑法、二次指数平滑法)、回归模型;
4. 掌握预测误差的测量方法和预测监控的方法。

基本概念

需求　定性预测　定量预测　误差　时间序列分解模型

第一节　需求预测概论

客户的订单和市场需求是生产计划制订依据。由于订单和市场需求不确定性,为了提前做好生产安排,需要进行需求预测。需求预测是否准确,不仅直接影响生产计划,而且对生产能力规划与设计、人力资源管理、供应链管理等方面都有重大影响。

本章首先介绍需求预测的基础知识,包括需求预测的定义、预测的分类和意义;其次,介绍预测的定性方法和定量方法;最后,介绍预测误差的测量方法和预测监控方法。

一、什么是需求预测

需求预测是指预计市场产品和服务的需求类型、需求数量和需求时间。尽管预测不可能百分之百准确,但预测仍然有不可忽视的作用。"凡事预则立,不预则废",预测为制订一个切实可行的计划提供科学依据,是避免决策片面性和决策失误的重要手段。预测既是计划的前提条件,又是计划工作的重要组成部分。

通过需求预测可以回答以下几个问题:

(1) 客户需要什么样的产品和服务?

(2) 什么时间提供这些产品和服务?

(3) 提供多少产品和服务?

二、需求预测的分类

需求预测分类方法很多,按预测时间长短分为长期预测、中期预测和短期预测。按预测方法不同分为定性预测和定量预测,如图3-1所示。

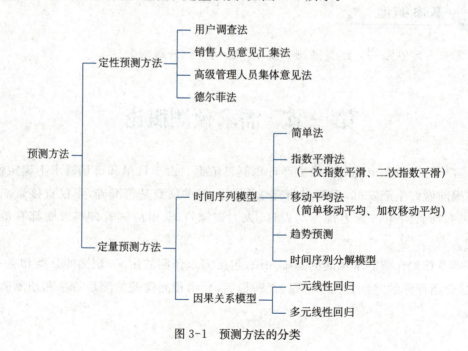

图3-1 预测方法的分类

1. 按预测时间的长短分类

长期预测(long-term forecast):长期预测是指 5 年以上的需求前景的预测。长期预测是企业发展规划、产品开发研究计划、投资计划、生产能力规划的依据。

中期预测(medium-term forecast):中期预测是指 1 个季度至 3 年需求前景的预测。主要用于制订销售和生产计划。

短期预测(short-term forecast):短期预测是以日、周、旬、月为单位,对一个季节以内的需求前景的预测,它是调整生产能力、采购、安排生产作业计划等具体生产经营活动的依据。本章主要介绍短期预测方法。

2. 按预测方法的不同分类

定性预测(qualitative forecast):又称主观预测方法,是指预测者运用个人的经验和分析判断能力,对需求进行预测。

定量预测(quantitative forecast):定量预测方法也称统计预测法,其主要特点是利用统计资料和数学模型来进行预测。然而,这并不意味着定量方法完全排除主观因素,相反主观判断在定量方法中仍起着重要的作用,只不过与定性方法相比,各种主观因素所起的作用小一些。

三、需求的主要影响因素

> **思考题**:影响需求的因素有哪些?

答:影响需求的因素包括:
(1) 过去的需求;
(2) 产品订货提前期;
(3) 广告或营销活动;
(4) 产品价格;
(5) 经济状况;
(6) 竞争对手的行动;
(7) 替代品。

值得注意的是:企业识别影响需求预测的因素,必须基于需求数据而不是销售数据。

四、预测的一般步骤

尽管预测的方法有很多种,但进行预测时都必须遵循下面的几个步骤:

(1) 收集资料,选择预测对象。

(2) 选择适当的预测方法和预测模型,按照先定性后定量、定性方法和定量方法相结合的原则,进行综合、科学的预测。

(3) 检验和修正预测模型。如果预测结果与实际结果相差不大,说明预测方法和模型选择准确;如果预测结果与实际结果相差较大,则调整预测模型和参数,重新设计选择正确的预测方法和预测模型。

第二节 定性预测方法

定性预测方法主要有:用户调查法、销售人员意见汇集法、高级管理人员集体意见法、德尔菲法。

一、用户调查法

用户调查法(market survey)采用访谈、电话以及发信函、问卷等方式,了解用户对本企业产品的需求情况、对产品性能的评价以及改进的意见,综合考虑目前企业的市场占有率以及营销策略、竞争对手的市场占有率,从而得到产品需求的预测结果。

用户调查法的优点是:

(1) 预测来源于顾客期望,较好地反映了市场需求情况;

(2) 可以了解顾客对产品优缺点的看法和一些顾客不购买这种产品的原因,进而改进、完善产品;

(3) 有利于开发新产品以及制订出有针对性的促销活动。

这种方法的弊端是:很难获得顾客的通力合作,调查时需耗费较多的人力和时间。

二、销售人员意见汇集法

销售人员最了解市场需求情况,因此销售人员意见汇集法(sales force composite)

先让每个地区的销售代表预测本地区的产品需求,然后将各地区的产品需求相加,即得到总的产品需求量,如某公司每季度召开一次全国销售会议。在会议上,各地区销售整理出哪些款式(型号、颜色)的产品畅销,销量是多少,竞争对手产品的售价和市场占用率。根据会议讨论结果,企业即可预测出下一季度各型号产品的需求量,不仅为企业的综合计划和月度生产计划提供了依据,而且为销售策略的制订提供了决策信息。

这种方法的优点:

(1) 简单易行,决策速度快,有利于企业及时调整生产计划,及时反映生产需求变换情况;

(2) 易于按地区、分支机构、销售人员和产品统计产品需求预测值;

(3) 由于汇集了各地区产品需求预测情况,样本容量大,克服了单样品偏差大的缺点,需求预测结果较为准确;

(4) 销售人员意见受到重视,增加了其销售信心。

这种方法的缺点:

带有销售人员的主观偏见,特别是需求预测作为销售人员的销售目标和考核指标时,预测值被人为地低估。相反,当预测涉及紧俏产品时,预测值容易被高估。

三、高级管理人员集体意见法

高级管理人员集体意见法(jury of executive opinion)又称为部门主管集体讨论法,通常由高级决策人员,如总经理,召集销售、生产、采购、财务、研究与开发等部门经理开会讨论。与会人员"头脑风暴",充分发表意见,提出需求预测。会议召集人按照一定的方法,如简单移动平均或加权移动平均(见本章第三节),对所有单个的需求预测值综合处理,即得到需求预测结果。

采用这种方法时,最好邀请行业内的技术专家以及行业内权威专家,在听取行业内的专家对技术发展趋势、市场未来需求和企业发展前景的意见后,进行市场需求预测。

这种方法的优点:简单易行,由于汇集各部门负责人的经验与判断,有利于集思广益,特别是听取了行业内技术专家意见和行业内权威的判断,使之需求预测结果较为准确,且具有一定的前瞻性。

这种方法的缺点:一是低调做人做事的传统文化,以及企业金字塔组织管理模式,这些因素使得低层次的主管人员不愿意在公开场合充分发表自己的看法;二是容易受权威影响,以及不愿与领导意见相反,易形成一边倒的共识。

四、德尔菲法

德尔菲法(Delphi method)又名专家意见法或专家函询调查法,是美国兰德公司在20世纪40年代末所首创。德尔菲(Delphi)是阿波罗神殿所在地的希腊古城之名,传说阿波罗是预言神,众神每年集会于德尔菲以预测未来。

德尔菲法是为了克服高级管理人员集体意见法的缺点而产生的一种新的专家预测方法。如前所述高级管理人员集体意见法虽能收集思广益之效,但是存在以下缺点:个别权威和能言善辩的专家和领导可能左右会场;个人意见发表不充分,从而影响预测结论的正确性。因此,后来形成以匿名方式,向一组专家轮番分别征询意见,加以综合整理,逐步取得一致预测意见的专家小组调查法——德尔菲法。

所谓德尔菲法,是指采用背对背的通信函询方式征询专家小组成员的预测意见,经过几轮征询,使专家小组预测意见趋于集中,最后做出符合市场未来发展趋势的预测结论。德尔菲法采用"背靠背"的形式,克服了在专家会议法中经常发生的,有些专家不能充分发表意见,权威人物的个人意见往往左右其他人的意见等弊病,使各位专家能真正充分地发表自己的预测意见。

德尔菲法的一般步骤分为:

1. 确定预测对象,设计调查函,选定专家小组成员,成立项目小组

采用德尔菲法预测,参加的人员有三种:①预测专家(decision makers);②反馈意见人(respondents);③工作人员(staff personnel)。决策专家最好选取具有不同专业背景的各领域专家,预测专家负责预测,人员一般为5—10人。工作人员负责调查文件的函寄、发送工作,收集整理和汇总预测专家的意见。反馈意见人一般是公司主要岗位上的高级决策人员,判断预测专家的预测结果是否合理,给予预测专家反馈意见。

除了填写方法之外,设计调查函要求:①问题明确,背景资料简明扼要;②醒目栏提醒预测专家给出预测结果的理由和依据;③委婉地提出反馈意见的截止日期。

2. 采用匿名方式进行多轮函询

第一轮:工作人员将背景资料、调查函以电子邮件或邮寄的方式发送给各预测专家,征询预测专家意见。

第二轮:工作人员将各位预测专家第一次的判断意见汇总,列成图表,进行对比,再分发给各位专家,让专家比较自己同他人的不同观点,修改自己的意见和判断;也可以把各位专家意见汇总整理,请公司决策人员(反馈意见人)加以评论,然后把这些意见再分送给各位专家,以便他们参考后修改自己的意见。

逐轮收集意见并为专家反馈意见是德尔菲法的关键。收集意见和信息反馈一般经过三、四轮之后,专家不再改变意见即可终止。

3. 对专家的意见综合处理,得出预测结论

运用德尔菲法进行需求预测应注意以下原则:

(1) 匿名性。与会专家互不见面,姓名保密。

(2) 反馈性。向一组专家轮番分头征询意见,每次征询都要把各位专家的意见以及得出该结论的理由和依据反馈给其他专家,以使其他专家了解各种不同意见及其理由,并修正自己观点或坚持专家观点。

(3) 收敛性。对专家经过多次轮番征询意见和反馈后,意见渐趋一致,形成最终结论。

德尔菲法的优点:能充分发挥各位专家的作用,集思广益,同时又能避免专家会议法讨论时产生的害怕权威随声附和,或固执己见,或因顾虑情面而不愿与他人意见冲突等弊端。

德尔菲法的主要缺点:专家选择没有明确的标准,预测结果缺乏严格的科学分析,最后趋于一致的意见,仍带有随大流的倾向。

第三节 定量预测方法

定量预测法是根据比较完备的历史和现状统计资料,运用数学方法对预测目标、对事物的发展变化量化推断。定量预测方法包括时间序列模型(time series models)和因果关系模型(associative models)。

时间序列模型假定从历史数据中可以分析出影响需求的因素,如季节、周期、趋势等,这些影响需求的因素对后期和未来的市场需求依然有效。基于这种假设条件,时间序列模型即是利用以往各个时期的历史需求数据预测未来的需求。时间序列模型包括:①简单法;②移动平均法(简单移动平均、加权移动平均);③指数平滑法(一次指数平滑、二次指数平滑);④趋势预测法;⑤时间序列分析模型。

因果关系模型假定一些因素(变量)之间存在相关联、相互影响的关系,包括一元线性回归模型和多元回归模型。典型的一元线性回归模型,如某产品的销售量与销售价格直接相关,当把相关产品(替代品、互补品)的价格也考虑进去时,即变成了多元回归模型。

一、时间序列的构成

时间序列是指先后顺序排列起来的数据构成的序列,如每天、每周或每月的销售量按时间先后所构成的序列。通常,一个时间序列的构成成分有:趋势成分、季节成分、周期成分和随机成分。

1. 趋势成分

趋势成分(trend,T)指数据随着时间的变化表现出一种趋向,这种变动趋势可能表现为稳步增长或停留在某一水平,如劳动生产率提高、人口变化;也可能表现为向下发展,如物料消耗的降低。由于趋势成分反映了市场需求在长时期内的变动趋势,因此它是进行分析和预测的重点。

2. 季节成分

季节成分(seasonality,S)指每年特定时期内的周期波动。这种周期变动,每隔一年又再次出现。如啤酒销量,每年夏季天气炎热时增长,每年冬季时销量减少。

3. 周期成分

周期成分(cycles,C)指在较长时间里(一年以上)围绕趋势做有规则的上下波动。

4. 随机成分

随机成分(random variations,R)指由偶然、非正常原因引起的数据变动,如自然灾害。不规则变动幅度往往较大,而且无法预测。

图 3-2 是时间序列 4 种成分的一个示例。

对于时间序列的 4 种成分,本章只讨论趋势成分和季节成分。随机成分的影响由于无法预测故不在讨论之列。周期成分也因需要长期的历史数据而被忽略。不过,这样做并不影响绝大多数生产经营决策的科学性,因为其时间一般都比较短,周期成分对它们不会造成明显的影响。即使对于长期预测而言,预测也是滚动的,是随着时间的推移而不断修改的,因而周期成分的影响也很小。

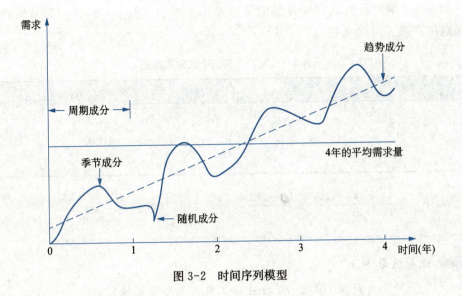

图 3-2 时间序列模型

二、简单法

简单法(naive approach)是最简单的预测方法,该法假设在下一个时段的需求等于最近一个时段的需求。也就是说,如果一个产品在一月份售出 68 个,那么我们预测该产品在二月份的销量即 68 个。这种方法看似简单却实用,可以为复杂定量预测提供初始值。

三、移动平均法

如果我们可以假设,市场需求在一段时间内将保持相对稳定,则可以使用移动平均法(moving average),根据多项历史实际数据值来预测将来需求。

1. 简单移动平均

第 n 期的简单移动平均(simple moving average)值 F_t 可按如下公式计算:

$$F_t = \frac{A_1 + A_2 + \cdots + A_n}{n} \tag{3-1}$$

式(3-1)中,A_1、$A_2 \cdots A_n$ 表示第 n 期的实际销量;n 为移动平均采用的周期数。

例 3-1 某产品的逐月销售量记录如表 3-1 所示。取 $n=3$，试用简单移动平均法预测该产品 4 月的销量。

表 3-1 某产品前三个月实际销量

月份	实际销量（百台）
1	10.00
2	12.00
3	13.00

解：$F_4 = \dfrac{A_1+A_2+A_3}{3} = \dfrac{10+12+13}{3} = 11.67$（百台）

课堂练习 3-1

4 月份实际销售为 16（百台），$n=3$，试预测 5 月份销量。

解：$F_5 = \dfrac{A_2+A_3+A_4}{3} = \dfrac{12+13+16}{3} = 13.67$（百台）

课堂练习 3-2

4 月份实际销售为 16（百台），当 $n=4$ 时，试预测 5 月份销量。

解：$F_5 = \dfrac{A_1+A_2+A_3+A_4}{4} = \dfrac{10+12+13+16}{4} = 12.75$（百台）

表 3-2 给出了该产品 12 个月的实际销售数据及 $n=3$ 和 $n=4$ 时的简单移动平均值。

表 3-2 简单移动平均法预测

月份	实际销量（百台）	$n=3$（百台）	$n=4$（百台）
1	10.00		
2	12.00		
3	13.00		
4	16.00	11.67	
5	19.00	13.67	12.75
6	23.00	16.00	15.00
7	26.00	19.33	17.75
8	30.00	22.67	21.00

(续表)

月份	实际销量(百台)	n=3(百台)	n=4(百台)
9	28.00	26.33	24.50
10	18.00	28.00	26.75
11	16.00	25.33	25.50
12	14.00	20.67	23.00

从表 3-2 可以看出,当 $n=3$ 和 $n=4$ 时预测值并不一样,由此可见,预测值与简单移动平均所选的时段长 n 有关。

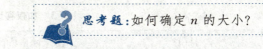
思考题:如何确定 n 的大小?

答:一般来说,n 越大,越能消除随机因素的影响,即预测的稳定性越好。但是没有有效反映近期数据变化的趋势,因此 n 越大响应性越差。

2. 加权移动平均

最近的数据反映了需求的趋势,应给予较大的权重,而早期的数据被赋予较小的权重,利用这种思想进行预测,即是加权移动平均法。

加权移动平均(weighted moving average)值可按以下公式计算:

$$F_t = w_1 A_1 + w_2 A_2 + \cdots + w_n A_{t-1} \tag{3-2}$$

式(3-2)中,F_t 为 t 周期末加权移动平均值,它可作为 $t+1$ 周期的预测值;w_1,w_2,$\cdots$,w_n 为实际需求的权系数,$w_1 \leqslant w_2 \leqslant \cdots \leqslant w_n$ 且 $\sum_{i=1}^{n} w_i = 1$;其余符号意义同前。

如果 $\sum_{i=1}^{n} w_i \neq 1$,则式(3-2)为:

$$F_t = \frac{w_1 A_1 + w_2 A_2 + \cdots + w_n A_{t-1}}{w_1 + w_2 + \cdots + w_n} \tag{3-3}$$

对比式(3-1)和式(3-3)可以看出,简单移动平均是加权移动平均的一种特例,简单移动平均的各个权重相等,均为 $\frac{1}{n}$。

例 3-2 根据例 3-1 的数据,分别令 1 月、2 月、3 月的权重为 $w_1=0.5$,$w_2=1.0$,$w_3=1.5$,试用加权移动平均法预测 4 月份的销售量。

解:$F_4 = \dfrac{w_1 A_1 + w_2 A_2 + w_3 A_3}{w_1 + w_2 + w_3} = \dfrac{0.5 \times 10 + 1 \times 12 + 1.5 \times 13}{0.5 + 1 + 1.5} = 12.17(百台)$

课堂练习 3-3

4月份实际销售为24(百台)，$n=3$，$w_2=0.5$，$w_3=1.0$，$w_4=1.5$，试用加权移动平均法预测5月份的销售量。

解：$F_5 = \dfrac{w_2 A_2 + w_3 A_3 + w_4 A_4}{w_2 + w_3 + w_4} = \dfrac{0.5 \times 12 + 1 \times 13 + 1.5 \times 16}{0.5 + 1 + 1.5}$

$= 14.33$(百台)

以此类推，预测出各月的销售量，见表3-3。

表3-3 加权移动平均预测

月份	实际销量(百台)	$n=3$(百台)
1	10.00	
2	12.00	
3	13.00	
4	16.00	12.17
5	19.00	14.33
6	23.00	17.00
7	26.00	20.50
8	30.00	23.83
9	28.00	27.50
10	18.00	28.33
11	16.00	23.33
12	14.00	18.67

思考题：如何确定 $w_1, w_2, \cdots, w_n$ 的大小？

答：通常方法是，如果最近数据变化较大，则给近期的权重较大，远期的权重较小。如果历史数据比较平稳，则分配给各期的权重值差值可以小一些。具体 w_i，n 的选择一是凭经验性，二是依据本章第四节所讲的误差测定监控以及自适应平滑(adaptive smoothing)调整相关参数，使预测值误差在一定范围之内。

四、一次指数平滑法

一次指数平滑法(simple exponential smoothing)的本质还是加权移动平均。所不同的是,加权移动平均法只考虑最近的 n 个实际数据,指数平滑法则考虑所有的历史数据,只不过近期实际数据的权重大,远期实际数据的权重小。

一次指数平滑法只需用到上期预测值 F_{t-1} 以及上期实际值 A_{t-1},这是该法的一大优势,其计算公式为:

本期预测值＝上期预测值＋α(上期实际值－上期预测值),

即:

$$F_t = F_{t-1} + \alpha(A_{t-1} - F_{t-1}) \tag{3-4}$$

其中,F_t 为本期预测值,α 为平滑系数,表示赋予实际数据的权重($0 \leqslant \alpha \leqslant 1$)。从式(3-4)可以看出,新的需求预测为上期预测值通过上期实际值与上期预测值之间差异去一部分进行调整即可。

思考题:为什么说一次指数平滑本质是加权移动平均?指数平滑法预测对给所有历史数据分配的权重有什么联系?

答:将式(3-4)展开有,

$$F_{t+1} = \alpha A_t + (1-\alpha) F_t \tag{3-5}$$

式(3-5)是一个递推公式。它赋予 A_t 的权重为 α,赋予 F_t 的权重为 $(1-\alpha)$。将式(3-4)代入式(3-5)展开,得:

$$\begin{aligned}
F_{t+1} &= \alpha A_t + (1-\alpha)[\alpha A_{t-1} + (1-\alpha) F_{t-1}] \\
&= \alpha A_t + \alpha(1-\alpha) A_{t-1} + (1-\alpha)^2 F_{t-1} \\
&= \alpha A_t + \alpha(1-\alpha) A_{t-1} + (1-\alpha)^2 [\alpha A_{t-2} + (1-\alpha) F_{t-2}] \\
&= \alpha A_t + \alpha(1-\alpha) A_{t-1} + \alpha(1-\alpha)^2 A_{t-2} + (1-\alpha)^3 F_{t-2} \\
&\cdots\cdots \\
&= \alpha[(1-\alpha)^0 A_t + (1-\alpha)^1 A_{t-1} + (1-\alpha)^2 A_{t-2} + \cdots \\
&\quad + (1-\alpha)^{t-1} A_1] + (1-\alpha)^t F_1 \\
&= \alpha \sum_{j=0}^{t-1} (1-\alpha)^j A_{t-j} + (1-\alpha)^t F_1
\end{aligned} \tag{3-6}$$

式(3-6)中,$F_1 = A_0$,它可以事先给定,或者应用简单法令 $F_1 = A_1$。

在式(3-6)中,当 t 很大时,$(1-\alpha)^t F_1$ 可以忽略。因此第 $t+1$ 期的预测值可以看作前 t 期实测值的指数形式的加权和。随着实测值"年龄"的增大,其权数以指数形式递减,这正是指数平滑法名称的由来。

例 3-3 某公司 1 月销售额为 10(千元),对 1 月的预测值为 11(千元),取 $\alpha = 0.4$,试用一次指数平滑法预测 2 月销量。

解:$F_2 = F_1 + \alpha(A_1 - F_1) = 11 + 0.4 \times (10 - 11) = 10.60$(千元)

课堂练习 3-4

在例 3-3 的基础上,已知 2 月份的实际销量为 12,请预测 3 月份的销量。

解:$F_3 = F_2 + \alpha(A_2 - F_2) = 10.60 + 0.4 \times (12 - 10.60) = 11.16$(千元)

以此类推,预测出各月的销售量,见表 3-4。

表 3-4 某公司的月销售额一次指数平滑预测表($\alpha = 0.4$) (单位:千元)

月份	实际销售额	α×上月销售额	上月预测销售额	(1−α)×上月预测销售额	本月平滑预测销售额
1	10.00				11.00
2	12.00	4.00	11.00	6.60	10.60
3	13.00	4.80	10.60	6.36	11.16
4	16.00	5.20	11.16	6.70	11.90
5	19.00	6.40	11.90	7.14	13.54
6	23.00	7.60	13.54	8.12	15.72
7	26.00	9.20	15.72	9.43	18.63
8	30.00	10.40	18.63	11.18	21.58
9	28.00	12.00	21.58	12.95	24.95
10	18.00	11.20	24.95	14.97	26.17
11	16.00	7.20	26.17	15.70	22.90
12	14.00	6.40	22.90	13.74	20.14

思考题:如何确定合理的平滑系数 α?

答:①在实际商业应用中,α 取值范围为 0.05~0.5;②一般来说,α 选得小一些,预测稳定性比较好;反之,其响应性就比较好;③当出现趋势时,取较大 α 得到的预测值和实际值较接近。

当 α 取 0.4 和 0.7 时,其预测结果与实际值对比图如下所示。

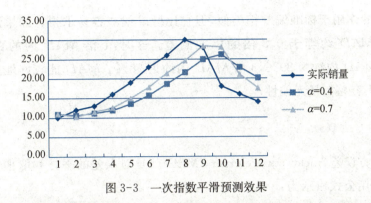

图 3-3 一次指数平滑预测效果

图 3-3 表明,用一次指数平滑法进行预测,当出现趋势时,预测值虽然可描述实际值的变化形态,但预测值总是滞后于实际值。面对有上升或下降趋势的需求序列时,就要采取二次指数平滑法进行预测。

以上这些方法为简单的定量预测方法,更复杂的定量预测方法在本章第五节中详细介绍,读者可根据自身能力进行选学。

第四节 预测精度与预测监控

一、预测精度测量

由于需求受许多不确定因素的影响,以及预测者水平约束,不可避免的存在预测误差(forecast error)。所谓预测误差,是指预测值与实际结果的偏差。

本节将介绍平均绝对偏差、平均平方误差、平均预测误差和平均绝对百分误差这四个常用的评价预测误差的指标。

1. 平均绝对偏差

平均绝对偏差(mean absolute deviation,MAD)就是整个预测期内每一次预测值与实际值的绝对偏差(不分正负,只考虑偏差值)的平均值,用以下公式表示:

$$MAD = \frac{\sum_{t=1}^{n} |A_t - F_t|}{n} \quad (3-7)$$

式(3-7)中,A_t 表示时段 t 的实际值;F_t 表示时段 t 的预测值;n 是整个预测期内的时段个数(或预测次数)。

MAD 的作用于标准偏差相类似,但它比标准偏差容易求得。如果预测误差是正态分布,MAD 约等于 0.8 倍的标准偏差。这时,1 倍 MAD 内的百分比约为 58%,2 倍 MAD 内约为 89%,3 倍 MAD 内约为 98%。MAD 能较好地反映预测的精度,但它不容易衡量无偏性。

2. 平均平方误差

平均平方误差(mean square error,MSE)就是对误差的平方和取平均值。沿用符号,MSE 用公式表示为:

$$MSE = \frac{\sum_{t=1}^{n}(A_t - F_t)^2}{n} \tag{3-8}$$

MSE 与 MAD 相似,虽可以比较好的反应预测精度,但无法衡量无偏性。

3. 平均预测误差

平均预测误差(mean forecast error,MFE)是指预测误差的和的平均值。用公式表示为:

$$MFE = \frac{\sum_{t=1}^{n}(A_t - F_t)}{n} \tag{3-9}$$

式(3-9)中,$\sum_{t=1}^{n}(A_t - F_t)$ 被称作累积预测误差(running sum of forecast errors,RSFE)。如果预测模型是无偏的,RSFE 应该接近于零,即 MFE 应接近于零。因而 MFE 能很好地衡量预测模型的无偏性,但它不能反映预测值偏离实际值的程度。

4. 平均绝对百分误差

平均绝对百分误差(mean absolute percentage error,MAPE)用公式表示如下:

$$MAPE = \left(\frac{100}{n}\right) \sum_{t=1}^{n} \left|\frac{A_t - F_t}{A_t}\right| \tag{3-10}$$

MAD,MFE,MSE,MAPE 是几种常见的衡量预测误差的指标,但任何一种指标都很难全面的评价一个预测模型,在实际应用中常常将它们结合起来使用。

例 3-4 利用例 3-3 中的实际值和预测值(一次平滑法)得到表 3-5,试计算 MAD,MFE,MSE,MAPE。

表 3-5 MAD，MFE，MSE，MAPE 计算一览表

实际值 (A)	预测值 (F)	偏差 (A−F)	绝对偏差 |A−F|	平方误差 (A−F)²	百分误差 $100\dfrac{(A-F)}{A}$	绝对百分误差 $100\left\|\dfrac{A-F}{A}\right\|$
10.00	11.00	−1.00	1.00	1.00	−10.00	10.00
12.00	10.60	1.40	1.40	1.96	11.67	11.67
13.00	11.16	1.84	1.84	3.39	14.15	14.15
16.00	11.90	4.10	4.10	16.81	25.63	25.63
19.00	13.54	5.46	5.46	29.81	28.74	28.74
23.00	15.72	7.28	7.28	53.00	31.65	31.65
26.00	18.63	7.37	7.37	54.32	28.35	28.35
30.00	21.58	8.42	8.42	70.90	28.07	28.07
28.00	24.95	3.05	3.05	9.30	10.89	10.89
18.00	26.17	−8.17	8.17	66.75	−45.39	45.39
16.00	22.90	−6.90	6.90	47.61	−43.13	43.13
14.00	20.14	−6.14	6.14	37.70	−43.86	43.86
求和			16.71	61.13	392.54		321.51

解：$MAD = \dfrac{\sum_{t=1}^{n}|A_t - F_t|}{n} = \dfrac{61.13}{12} = 5.09$

$MFE = \dfrac{\sum_{t=1}^{n}(A_t - F_t)}{n} = \dfrac{16.17}{12} = 1.35$

$MSE = \dfrac{\sum_{t=1}^{n}(A_t - F_t)^2}{n} = \dfrac{392.54}{12} = 32.71$

$MAPE = \left(\dfrac{100}{n}\right)\sum_{t=1}^{n}\left|\dfrac{A_t - F_t}{A_t}\right| = \dfrac{321.51}{12} = 26.79$

二、预测监控

预测的一个十分重要的假设条件是：过去的需求模式对未来需求依然起着相同的作用。然而，过去起作用的预测模型现在是否仍然有效呢？这需要通过预测监控（monitoring and controlling forecasts）来回答。

检验预测模型是否仍然有效的方法就是应用跟踪信号（tracking signal，TS）。所谓跟踪信号，是指累积预测误差和平均绝对偏差的比值，即

$$TS = \frac{RSFE}{MAD} = \frac{\sum_{t=1}^{n}(A_t - F_t)}{MAD} \tag{3-11}$$

式(3-11)中，$RSFE$ 表示累积预测误差[见公式(3-9)]，MAD 表示平均绝对偏差[见公式(3-7)]。

当 $TS > 0$ 时，表明需求大于预测值；反之则小于预测值。理想的跟踪信号是累积误差较少，且 TS 在一定范围内波动。当 TS 总是大于 0 或总是小于 0 时，说明预测存在误差，如变量选择不对，或趋势线、季节影响因子选择不适当。

将计算出的跟踪信号与预先设定的上下限比较，如果在上下限范围内即说明预测模型有效，否则需要对模型的参数作调整，甚至换用别的预测模型。

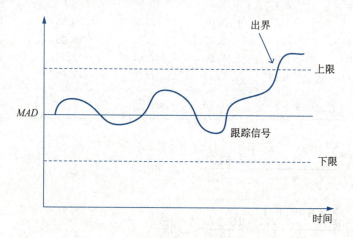

图 3-4 预测跟踪信号及控制上下限

思考题：如何确定跟踪信号的上下限？

答：跟踪信号上下限的确定需要具体问题具体分析，这里给出几个参考。

$MAD = 0.8\sigma$；

$\pm 2MAD = \pm 1.6\sigma$；89%误差

$\pm 3MAD = \pm 2.4\sigma$；98%误差

$\pm 4MAD = \pm 3.2\sigma$；99.9%误差

例 3-5 根据例 3-4 的内容，参照表 3-5 计算跟踪信号 TS。

解：$RSFE = \sum_{t=1}^{n}(A_t - F_t) = 16.17$

$MAD = \dfrac{\sum_{t=1}^{n}|A_t - F_t|}{n} = \dfrac{61.13}{12} = 5.09$

$$TS = \frac{RSFE}{MAD} = \frac{16.17}{5.09} = 3.18$$

自适应平滑(adaptive smoothing)即是当跟踪信号超过上下限时,系统调整参数。如果调整参数也不能使跟踪信号处于可接受范围内,即考虑选用别的预测模型。

三、选择最佳平滑指数

前面提到过,平滑指数 α 的选择会直接影响近期数据的敏感程度,进而影响预测精度。如果管理者对潜在的需求方式判断力强,那么最好使用不大于 0.2 的平滑常数。一般而言,最好选择能将 MSE 降至最低的平滑指数。

我们可以通过使用 excel 的规划求解器来求出变量 α 使得 MSE 最小。如图 3-5 所示,首先我们输入好计算指数平滑预测和平均平方误差的公式,然后使用求解器,设置约束条件,计算出最佳 α 值为 0.54。

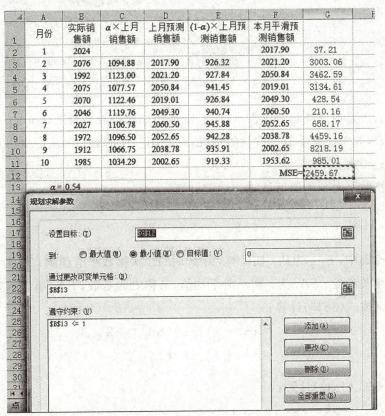

图 3-5 使用求解器使 MSE 最低获得 α 值

第五节　高级定量预测方法

一、二次指数平滑法

本章第三节中一次指数平滑法的思考题讨论了一次平滑系数 α 选择的问题。当最近实际需求数据比较稳定时,α 选的小一些;当最近实际需求数据变化较大时,α 选的大一些。这种做法在实际需求有趋势的情况下,会出现滞后现象。

比如,某产品需求每月增长 100 单位,$\alpha=0.4$,应用一次平滑法[式(3-4)]预测出结果如表 3-6 所示。可见预测值远远滞后于实际需求值。

表 3-6　趋势情况下预测值滞后现象

月份	实际需求	预测值 $\alpha=0.4$
1	100	$F_1=100$(已知)
2	200	$F_2=F_1+\alpha(A_1-F_1)=100+0.4\times(100-100)=100$
3	300	$F_3=F_2+\alpha(A_2-F_2)=100+0.4\times(200-100)=140$
4	400	$F_4=F_3+\alpha(A_3-F_3)=140+0.4\times(300-140)=204$
5	500	$F_5=F_4+\alpha(A_4-F_4)=204+0.4\times(400-204)=282$

面对有上升或下降趋势的需求序列,则采用二次指数平滑法(double exponential smoothing),如果还有季节性波动的情况,则要用三次指数平滑法(triple exponential smoothing)预测。

二次指数平滑预测值可按式(3-12)计算:

$$F_{t+p}=SA_t+T_t \tag{3-12}$$

式(3-12)中,F_{t+p} 为从 t 期计算,第 p 期的二次指数平滑预测;T_t 为 t 期平滑趋势值,T_0 事先给定;SA_t 为 t 期平滑平均值,又称之为基数,SA_0 事先给定。

SA_t 可按式(3-13)计算:

$$\begin{aligned}SA_t&=\alpha A_t+(1-\alpha)(SA_{t-1}+T_{t-1})\\&=\alpha A_t+(1-\alpha)F_{t-1}\end{aligned} \tag{3-13}$$

T_t 可按式(3-14)计算:

$$T_t=\beta(SA_t-SA_{t-1})+(1-\beta)T_{t-1} \tag{3-14}$$

式(3-14)中,β 为斜率偏差的平滑系数,其余符号意义同前。

例 3-5 对表 3-4 提供的数据,设 $\alpha=0.4$,$\beta=0.5$,$SA_0=11.00$,$T_0=0.80$,求二次指数平滑预测值。

解:由式(3-13)计算 SA_t,再由式(3-14)计算 T_t,最后由式(3-12)计算 F_{t+p},结果如表 3-7 所示。当 α 都取 0.4 时,通过对二次指数平滑预测值、一次指数平滑预测值与实际值的比较,可以看出,二次指数平滑预测的结果比一次指数平滑预测的结果在有趋势存在的情况下,与实际值更加接近,且滞后要小得多。

表 3-7 某公司的月销售额二次指数平滑预测表

t (1)	A_t (2)	αA_t (3)	$(1-\alpha)F_{t-1}$ (4)	SA_t (5)=(3)+(4)	$\beta(SA_t-SA_{t-1})$ (6)	$(1-\beta)T_{t-1}$ (7)	T_t (8)=(6)+(7)	F_t (9)=(5)+(8)
				11.00			0.80	11.80
1	10.00	4.00	7.08	11.08	0.04	0.40	0.44	11.52
2	12.00	4.80	6.91	11.71	0.32	0.22	0.54	12.25
3	13.00	5.20	7.35	12.55	0.42	0.27	0.69	13.24
4	16.00	6.40	7.94	14.34	0.90	0.35	1.25	15.59
5	19.00	7.60	9.35	16.95	1.31	0.63	1.94	18.89
6	23.00	9.20	11.32	20.53	1.79	0.97	2.76	23.29
7	26.00	10.40	13.96	24.37	1.92	1.38	3.30	27.67
8	30.00	12.00	16.59	28.60	2.12	1.65	3.77	32.37
9	28.00	11.20	19.41	30.62	1.01	1.89	2.90	33.52
10	18.00	7.20	20.10	27.31	−1.65	1.45	−0.20	27.11
11	16.00	6.40	16.27	22.66	−2.32	−0.10	−2.42	20.25
12	14.00	5.60	12.15	17.75	−2.46	−1.21	−3.67	14.08

二次指数平滑预测的结果与 α 和 β 的取值有关。α 和 β 越大,预测的响应性就越好;反之,稳定性就越好。A 影响预测的基数,β 影响预测值的上升或下降的速度。

思考题:预测模型有很多,如何选择合适的预测模型?

答:应用各种模型,分别计算其与真实值的预测误差,选取误差小的作为预测方法。对本章例题中的数据,不同预测方法的 MAPE 值如表 3-8 所示。

表 3-8　不同预测模型的选择

月份	实际销量	简单移动平均	加权移动平均	一次指数平滑	二次指数平滑
1	10.00			11.00	11.52
2	12.00			10.60	12.25
3	13.00			11.16	13.24
4	16.00	11.67	12.17	11.90	15.59
5	19.00	13.67	14.33	13.54	18.89
6	23.00	16.00	17.00	15.72	23.29
7	26.00	19.33	20.50	18.63	27.67
8	30.00	22.67	23.83	21.58	32.37
9	28.00	26.33	27.50	24.95	33.52
10	18.00	28.00	28.33	26.17	27.11
11	16.00	25.33	23.33	22.90	20.25
12	14.00	20.67	18.67	20.14	14.08
	MAPE	33.68	28.30	23.81	9.68

由该表可以看出，二次指数平滑法最适合作为该需求序列的预测模型。

二、趋势预测

趋势预测（Trend projections），这种预测方法适合有趋势的一系列历史数据，将时间作为 x 轴、需求量作为 y 轴，把数据点投射到趋势直线上来预测将来销售量。我们可以运用最小二乘法来确定趋势直线的参数。这样保证了在一条直线上，最大限度地减少了从线到每个实际值的垂直差异或偏差的平方和。趋势直线方程表示为：

$$\begin{cases} \hat{y} = a + bx \\ b = \dfrac{\sum xy - n\,\overline{x}\overline{y}}{\sum x^2 - n\overline{x}^2} \\ a = \overline{y} - b\overline{x} \end{cases} \quad (3-15)$$

式（3-15）中，$\overline{x}$，$\overline{y}$ 分别表示 x，y 的平均值。求出趋势直线的方程后，可以代入时间值 x，预测将来的需求量 y。

例 3-6　对表 3-9 提供的数据，使用趋势预测方法预测第 8 年的销售量。

表 3-9 某产品前 7 年销售量

年度(x)	实际销售量(y)	x^2	xy
1	74	1	74
2	79	4	158
3	80	9	240
4	90	16	360
5	105	25	525
6	142	36	852
7	122	49	854
$\sum x = 28$	$\sum y = 692$	$\sum x^2 = 140$	$\sum xy = 3\,063$

$$\bar{x} = \frac{\sum x}{n} = \frac{28}{7} = 4$$

$$Y = \frac{\sum y}{n} = \frac{692}{7} = 98.86$$

$$b = \frac{\sum xy - n\,\bar{x}\,\bar{y}}{\sum x^2 - n\,\bar{x}^2} = \frac{3\,063 - 7 \times 4 \times 98.86}{140 - 7 \times 4 \times 4} = \frac{295}{28} = 10.54$$

$$a = \bar{y} - b\bar{x} = 98.86 - 10.54 \times 4 = 56.70$$

故 $\hat{y} = 56.70 + 10.54x$,

第 8 年预测值 $F_8 = 56.70 + 10.54 \times 8 = 141.02$

应用这种方法进行预测有两个条件：一是只能短期的预测,长期预测容易失效；二是需求与预测值之间的偏差值服从正态随机分布。

三、季节预测

时间序列的季节成分往往出现在一些经常性事件中,如天气和节假日。煤炭和燃油在寒冷的冬季需求达到峰值,而游泳或防晒霜需求可能会在夏季最高。所谓季节可以指每小时,每天,每周,每月,或其他循环阶段。理解季节成分对企业能力需求计划处理峰值负载非常重要。季节预测(seasonal projections)的计算步骤是(以一个月为单位)：

(1) 将同一个月份不同年度的需求量求平均值,计算各个年度每月的年平均需求量；

(2) 将所有月份需求量累加除以总月份数,计算总平均月需求量；

(3) 将各个月的年平均需求量除以总平均月需求量,得出各个月份的季节因子,并使用季节因子预测以后的月销售量。

例 3-7 某产品 3 年来每月的销售量如表 3-10 所示,假设第四年预计共销售 1 200 单位,请预测第四年各个月份的月销售量。

表 3-10 某产品 3 年来每个月的销售量

月份	第 1 年	第 2 年	第 3 年
1 月	80	85	105
2 月	70	85	85
3 月	80	93	82
4 月	90	95	115
5 月	113	125	131
6 月	110	115	120
7 月	100	102	113
8 月	88	102	110
9 月	85	90	95
10 月	77	78	85
11 月	75	82	83
12 月	82	78	80

解:1 月份的年平均需求 $= \dfrac{80+85+105}{3} = 90$(单位)

2 月份的年平均需求 $= \dfrac{70+85+85}{3} = 80$(单位)

以此类推,计算结果如表 3-11 所示。

总平均月需求量 $= \dfrac{1\,128}{12} = 94$(单位)

则 1 月份的季节因子 $= \dfrac{90}{94} = 0.96$,以此类推。

表 3-11 各月份季节因子

月份	第 1 年	第 2 年	第 3 年	年平均销售量	季节因子
1 月	80	85	105	90	0.96
2 月	70	85	85	80	0.85
3 月	80	93	82	85	0.90
4 月	90	95	115	100	1.06
5 月	113	125	131	123	1.31

(续表)

月份	第1年	第2年	第3年	年平均销售量	季节因子
6月	110	115	120	115	1.22
7月	100	102	113	105	1.12
8月	88	102	110	100	1.06
9月	85	90	95	90	0.96
10月	77	78	85	80	0.85
11月	75	82	83	80	0.85
12月	82	78	80	80	0.85
			$\sum = 1\,128$		

第4年的年销售量预测值为1 200单位,即预测平均月需求量为100单位,故各月份预测值为:

1月,$100 \times 0.96 = 96$(单位)　　2月,$100 \times 0.85 = 85$(单位)
3月,$100 \times 0.90 = 90$(单位)　　4月,$100 \times 1.06 = 106$(单位)
5月,$100 \times 1.31 = 131$(单位)　　6月,$100 \times 1.22 = 122$(单位)
7月,$100 \times 1.12 = 112$(单位)　　8月,$100 \times 1.06 = 106$(单位)
9月,$100 \times 0.96 = 96$(单位)　　10月,$100 \times 0.85 = 85$(单位)
11月,$100 \times 0.85 = 85$(单位)　　12月,$100 \times 0.85 = 85$(单位)

四、时间序列分解模型

实际需求值是趋势的、季节的、周期的或随机的等多种成分共同作用的结果。时间序列分解模型(time series decomposition)企图从时间序列值中找出各种成分,并在对各种成分单独进行预测的基础上,综合处理各种成分的预测值,以得到最终的预测结果。时间序列分解方法的应用基于如下假设:各种成分单独的作用于实际需求,而且过去和现在起作用的机制将持续到未来。

时间序列分解模型有两种形式:乘法模型(multiplicative model)和加法模型(additive model)。乘法模型比较通用,它是以各种成分(以比例的形式)相乘的方法来求出需求估计值的。加法模型则是将个种成分相加来预测的。对于不同的预测问题,人们常常通过观察其时间序列值分布来选用适当的时间序列分解模型。下面分别给出乘法模型和加法模型的表达式:

$$TF = T \times S \times C \times I \tag{3-16}$$

$$TF = T + S + C + I \tag{3-17}$$

式(3-16)、式(3-17)中，TF 为时间序列的预测值；T 为趋势成分，S 为季节成分，C 为周期成分，I 为随机波动成分。

图 3-6 给出了几种时间序列类型（仍然只考虑趋势成分和季节成分），本节将以类型(c)为例，介绍时间序列分解模型的应用。线性趋势、相等的季节波动类型是线性趋势和季节性变化趋势共同作用的结果。

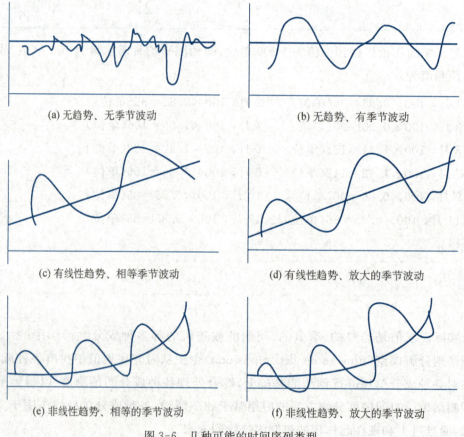

(a) 无趋势、无季节波动　　　　　　(b) 无趋势、有季节波动

(c) 有线性趋势、相等季节波动　　　(d) 有线性趋势、放大的季节波动

(e) 非线性趋势、相等的季节波动　　(f) 非线性趋势、放大的季节波动

图 3-6　几种可能的时间序列类型

用这种方法进行预测的关键在于求出线性趋势方程（直线方程）和季节系数。下面通过一个实例来说明。

例 3-8　表 3-12 是某旅游服务点过去 3 年各季度快餐的销售记录。试预测该公司未来一年各季度的销售量。

表 3-12　某旅游服务点过去 3 年快餐销售记录

季度	季度序号 t	销售量	4个季度总销售量	4个季度移动平均	季度中点
夏	1	11 800			
秋	2	10 404			
冬	3	8 925			
春	4	10 600	41 729	10 432.25	2.5
夏	5	12 285	42 214	10 553.50	3.5
秋	6	11 009	42 819	10 704.75	4.5
冬	7	9 213	43 107	10 776.75	5.5
春	8	11 286	43 793	10 948.25	6.5
夏	9	13 350	44 858	11 214.50	7.5
秋	10	11 270	45 119	11 279.75	8.5
冬	11	10 266	46 172	11 543.00	9.5
春	12	12 138	47 024	11 756.00	10.5

解:求解可分三步进行。

(1) 求趋势直线方程。首先根据表 3-12 给出的数据绘出曲线图形(图 3-7),然后用简单移动平均法求出 4 个季度的平均值,将它们标在图上(圆圈)。为求趋势直线,可采用最小二乘法。为简单起见,这里采用目测法。让直线尽可能穿过移动平均值的中间,使数据点分布在直线两侧,尽可能各占一半。此直线代表着趋势,它与 y 轴的截距为 a,这里 $a = 10\,000$ 份,$b = 167$。

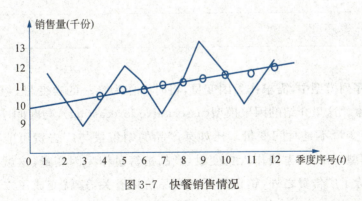

图 3-7　快餐销售情况

(2) 估算季节系数。所谓季节系数(seasonal index,SI)就是实际值 A_t 与趋势值 T_t 的比值的平均值。例如对季度 1,$A_1/T_1 = 11\,800/10\,167 = 1.16$。类似的,可以求出各个季度的 A_t/T_t,如表 3-13 所示。

表 3-13　A_t/T_t 计算表

t	1	2	3	4	5	6	7	8	9	10	11	12
A_t/T_t	1.16	1.01	0.85	0.99	1.13	1.00	0.82	1.00	1.16	0.95	0.87	1.01

由于季节 1、5、9 都是夏季,应求出它们的平均值作为季节系数:

$$SI(夏) = \frac{\left(\dfrac{A_1}{T_1} + \dfrac{A_5}{T_5} + \dfrac{A_9}{T_9}\right)}{3} = \frac{(1.16 + 1.13 + 1.16)}{3} = 1.15$$

同样可得,$SI(秋) = 1.00$;$SI(冬) = 0.85$;$SI(春) = 1.00$。

需要指出的是,随着数据的积累,应该不断对季节系数进行修正。

(3) 预测。在进行预测时,关键是选择正确的 t 值和季节系数。在这里,该旅游景点未来一年的夏、秋、冬、春各季节对应的序号分别是 13、14、15、16,对应的季节系数分别为 1.15、1.00、0.85、1.00。因此该公司未来一年销售量分别为,

夏季:$(10\,000 + 167 \times 13) \times 1.15 = 13\,997$(份)

秋季:$(10\,000 + 167 \times 14) \times 1.00 = 12\,338$(份)

冬季:$(10\,000 + 167 \times 15) \times 0.85 = 10\,629$(份)

春季:$(10\,000 + 167 \times 16) \times 1.00 = 12\,672$(份)

由例 2-8 可以看出,对线性趋势、相等的季节性波动类型可以用一种简明的周期性预测方法,它应用起来比较方便。

五、因果模型

在时间序列模型中,需求作为因变量,将时间作为唯一的自变量,忽略了其他影响需求的因素。这里介绍的因果模型(associative forecasting),与时间序列模型的本质区别是:自变量不是时间变量。比如某产品的销售量与广告费可能存在线性关系,则建立模型时,将广告费作为自变量,产品销售量作为因变量,这就是一元线性回归模型。除了广告费之外,销售量还和产品价格有关,这就变成了二元一次线性回归模型。

1. 一元线性回归

一元线性回归(linear regression)模型可用以下公式表达:

$$\begin{cases} \hat{y} = a + bx \\ b = \dfrac{n\sum xy - \sum x \sum y}{n\sum x^2 - (\sum x)^2} \\ a = \dfrac{\sum y - b\sum x}{n} \end{cases} \qquad (3\text{-}18)$$

式(3-18)中，$\hat{y}$ 为一元线性回归预测值；a 为截距，为自变量 $x=0$ 时的预测值；b 为斜率；n 为变量数；X 为自变量取值，Y 为因变量取值。

例 3-9 某产品销售量与广告费关系如表 3-14 所示，试用一元线性回归方法如表 3-15 所示，预测广告费投入 6 万元时的销售量。

表 3-14 某产品广告费与销售量数据

广告费	销售量
1	2.0
3	3.0
4	2.5
2	2.0
1	2.0
7	3.5
18	15.0

解：使用公式(3-18)计算得，

表 3-15 一元线性回归计算

广告费(x)	销售量(y)	x^2	xy
1	2.0	1	2.0
3	3.0	9	9.0
4	2.5	16	10.0
2	2.0	4	4.0
1	2.0	1	2.0
7	3.5	49	24.5
$\sum = 18$	$\sum = 15.0$	$\sum = 80$	$\sum = 51.5$

$$b = \frac{n\sum xy - \sum x \sum y}{n\sum x^2 - (\sum x)^2} = \frac{6 \times 51.5 - 18 \times 15}{6 \times 80 - 18 \times 18} = \frac{39}{156} = 0.25$$

$$a = \frac{\sum y - b\sum x}{n} = \frac{15 - 0.25 \times 18}{6} = 1.75$$

故线性回归方程为 $\hat{y}=1.75+0.25x$

当广告费 $x=6$ 时,销售量 $y=1.75+0.25\times 6=3.25$

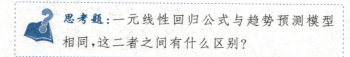

思考题:一元线性回归公式与趋势预测模型相同,这二者之间有什么区别?

答:趋势预测方法作为时间序列模型中的一种方法,它的自变量是时间;而一元线性回归模型表示的是两个因素之间存在的线性关系,自变量是非时间因素,可能是广告费、价格、销售人员工资等其他因素。

衡量一元线性回归方法的偏差,可采用两个指标:线性相关系数 r 和标准差 s_{yx}。

$$r=\frac{n\sum xy-\sum x\sum y}{\sqrt{\left[n\sum x^2-(\sum x)^2\right]\left[n\sum y^2-(\sum y)^2\right]}} \quad (3-19)$$

$$s_{yx}=\sqrt{\frac{\sum(y-y_T)^2}{n-2}} \quad (3-20)$$

式(3-19)、式(3-20)中,$0\leqslant r^2\leqslant 1$。当 r 为正,说明 y 与 x 正相关,即 x 增加 y 也增加;当 r 为负,说明 y 与 x 负相关,即 x 增加 y 减少。r 越接近 1,说明实际值与所作出的直线越接近。当 $r=1$ 时,称 x 与 y 完全正相关;当 $r=-1$ 时,称 x 与 y 完全负相关;当 $r=0$ 时,则 x 与 y 不线性相关。s_{yx} 越小表示预测值与直线距离越近。

2. 多元线性回归

多元线性回归(multiple linear regression)模型会建立几个自变量,而不是仅仅一个变量,其公式为:

$$\hat{y}=a+b_1x_1+b_2x_2 \quad (3-21)$$

例 3-10 某商品销售量与广告费和价格有关,通过计算机模拟计算得到二元一次线性回归方程为:

$$\hat{y}=1.8+0.2x_1-5x_2 \quad (3-22)$$

式(3-22)中,y 表示销售量(单位:万件),x_1 表示广告费,x_2 表示产品价格(单位:万元)。试预测投入 6 万元广告费,定价 0.12 万元时产品销售量。

解:$\hat{y}=1.8+0.2\times 6-5\times 0.12=2.5$(万件)

本章小结

"以销定产",需求预测既可以帮助管理者对生产系统的发展做出规划(产能设计、产能扩大以及建厂布局),又能帮助管理者制订综合运营计划、生产计划,并直接影响财务、市场营销和人力资源等重要部门的工作。

预测按时间长短,分为长期预测、中期预测和短期预测三种,按主客观因素所起的作用又分为定性预测和定量预测。定性预测包括用户调查法、销售人员意见汇集法、高级管理人员集体意见法和德尔菲法。定量预测包括简单法、简单移动平均法、加权移动平均法、一次指数平滑法、二次指数平滑法,趋势预测、季节预测、时间序列分解模型和因果模型。

定性预测关键是充分发挥销售人员、专家和领导的才智并做出最终主观判断。定量预测的步骤是:①确定出合理的参数。如简单移动平均的 n 的大小,一次指数平滑系数 α,二次指数平滑系数 α、β,一元线性回归相关系数 r 等;②选择合适的预测模型。如有趋势则选择一次指数平滑,还有季节成分则选择二次指数平滑;③判断模型的好坏有两点:一是预测值在控制上下限内,二是预测误差越小越好。

预测误差的计算包括:MAD、MSE、MFE 和 MAPE,根据实际需要选用,一般选用 MSE 和 MAPE 较多。

总的来讲,预测按先定性后定量、定性与定量相结合原则进行决策。

 习题

1. 什么是预测,需求预测要回答哪几个主要问题?
2. 有哪些定性预测方法?说明它们各自的思想、优缺点和适用范围。
3. 一次指数平滑系数 α 如何确定,二次指数平滑法的 α、β 又如何确定?
4. 如何理解线性相关系数的 r,s_{yx}?
5. 如何评价预测结果及选择合适的预测方法?
6. 某产品前 4 个月的销售量记录如表 3-16 所示。

表 3-16 某产品前 4 个月实际销量

月份	实际销量(百台)
1	20.00
2	21.00
3	23.00
4	24.00

(a) 计算当 $n=3$,$n=4$ 时的 5 月份的简单移动平均预测值;

(b) 当 $n=3$,$w_2=0.5$,$w_3=1.0$,$w_4=1.5$ 时,试用加权移动平均法预测 5 月份的销售量。

7. 表 3-17 是某种特种汽车轮胎的月销售纪录。

表 3-17　　　　　　　　　　　　　　　　　　　　　　　　　　单位：只

月份	1	2	3	4	5	6	7	8	9	10	11	12
销售量	104	104	100	92	105	95	95	104	104	107	110	109

(a) 计算当 $SA_0=100$，$\alpha=0.2$ 时的一次指数平滑预测值；

(b) 计算当 $SA_0=100$，$\alpha=0.4$ 时的一次指数平滑预测值；

(c) 计算(a)、(b)两种情况下的 MAD，$RSFE$。

8. 已知某产品 5 周的实际销售量为 38、41、39、43 和 44，预测的基数为 $SA_0=35$，$T_0=2.0$，取 $\alpha=0.3$，$\beta=0.5$，试求这五周的预测值，并对今后三周的需求进行预测。

9. 表 3-18 是某城区居民平均每季猪肉消费量。试选用适当的模型并预测该城区居民下一年各季平均猪肉消费量。

表 3-18　　　　　　　　　　　　　　　　　　　　　　　　　　单位：千克

	春	夏	秋	冬
第一年	3.05	1.45	1.96	4.54
第二年	5.11	3.42	3.89	6.62
第三年	7.03	5.51	5.95	8.52
第四年	9.14	7.55	7.88	10.56

10. 表 3-19 给出了某计算机公司近 10 个月的实际销售量和用 A、B 两种模型进行预测的预测值。

表 3-19　　　　　　　　　　　　　　　　　　　　　　　　　　单位：台

月份	1	2	3	4	5	6	7	8	9	10
实际销售量	566	620	584	652	748	703	670	625	572	618
A 模型预测值	610	630	610	630	640	650	655	655	630	630
B 模型预测值	580	600	580	630	702	680	680	680	600	600

(a) 计算两种模型的 MAD；

(b) 计算两种模型的 $RSFE$；

(c) 哪一种模型更好？为什么？

第四章 基于 SLP 的生产系统布局

学习目标

1. 了解生产过程定义、生产过程的构成和生产单位的组成；
2. 掌握布局设计的定义、布局设计的原则；
3. 重点掌握 SLP 原理、步骤，应用 SLP 方法开展生产系统设计工作。

生产过程　系统布局设计(SLP)　产品/工艺原则布局　从至表

第一节　生产过程以及生产单位组成

一、生产过程概述

生产过程是每一个工业企业最基本的活动过程。任何产品都必须经过一定的生产过程才能制造出来。企业的生产过程有广义和狭义之分。广义的生产过程是指从生产技术准备开始，直到把产品制造出来为止的全部过程。狭义的生产过程是指从原材料投入生产开始，直到产品最后制造出来的全部过程。在实际的生产管理中，一般作为组织和计划计算的依据是指狭义的生产过程。

二、生产过程的构成

企业的生产过程是由基本生产过程、辅助生产过程、生产服务过程及附属生产过程所组成。由于专业化协作水平和技术条件以及企业生产的性质和特点不同,生产过程这些组成部分在不同企业中有着很大的差别,而且随着生产的发展也会发生变化。

(1)基本生产过程。基本生产过程是指与构成企业基本产品实体有关的生产过程。企业的基本产品是指以销售为目的,满足社会或市场需要而生产的产品。基本生产过程是企业的主要活动,它代表着企业的基本特征和专业化水平。机械制造的基本生产过程,一般还可以划分为三个生产阶段:毛坯制造阶段、加工制造阶段和装配阶段。

(2)辅助生产过程。辅助生产过程是指为保证基本生产过程的实现,而从事的辅助产品的生产的过程。辅助产品不以销售为目的,不构成基本产品实体,仅为实现基本产品的生产,所必须制造的自用产品。辅助生产过程的产品有各种工具、动力以及设备修理用备件等。

有些辅助生产的产品,除了供本企业需要之外,还可能外销一部分。这部分外销的辅助产品虽直接记入企业产值之内,但由于主要生产的目的是为了本企业自己使用,并不代表企业专业生产方向,因此仍属于辅助产品。

(3)生产服务过程。生产服务过程是指为基本生产过程和辅助生产过程的正常进行而从事的服务性活动。属于生产服务过程的有:原材料和半成品的供应、运输、检验等。

(4)附属生产过程。附属生产过程是指企业根据自身的条件和可能,生产市场所需要的非属企业专业方向的产品而进行的生产过程,如飞机制造厂生产的日用铝制品等。

基本生产过程和辅助生产过程都由工艺过程和非工艺过程所组成。工艺过程是指直接与改变加工对象的性质、尺寸、几何形状有关的过程。比如,热处理虽不改变零件的尺寸和形状,但它改变了材料内部组织结构,提高了零件的性能、强度和使用寿命。

非工艺过程是不涉及加工对象的性质、尺寸、形状的改变,而贯穿于工艺过程之间的一些带有生产服务性的过程,如加工对象的运输、检验、试验、包装等。

工艺过程和非工艺过程都是生产过程不可分割的组成部分,只有两者密切配合,互相衔接,才能保证生产过程的有效实现。

三、生产单位的组成

如前所述,企业的生产过程有基本生产过程、辅助生产过程、生产服务过程及附属生产过程。这些生产过程是根据各自的特点和要求在一定的场所,即在一定的空间内组织实现的。因此,为进行这些生产过程企业设立了相应生产单位或部门,即基本生产部门、辅助生产部门、生产服务部门和附属部门。现仅就基本生产部门、辅助生产部门及生产服务部门三个方面简单分述如下。

1. 基本生产部门

基本生产部门是直接从事基本产品生产,实现基本生产过程的生产单位。这种生产单位通常称为车间。它是为完成企业生产过程的某一工艺阶段、某一种产品和零件的生产而设立的相对独立的生产单位,并相应备有它所需要的各种设备、机床及其他设施。

具有较为完整的基本生产过程的机器制造企业,其基本生产车间有:

(1) 毛坯车间。包括铸造车间、锻造车间和备料车间等。
(2) 加工车间。包括机械加工车间、冲压车间、铆焊车间、热处理车间、电镀车间等。
(3) 装配车间。如部件装配车间、总装车间、油漆车间、包装车间等。

2. 辅助生产部门

辅助生产部门是为保证基本生产单位的需要而提供辅助产品和劳务的单位,辅助生产部门一般有以下单位:

(1) 辅助生产车间。包括工具车间、木型车间、机修车间、电修车间等。
(2) 动力部门。如热电站、压缩空气站、煤气站、锅炉房、变电所等。

3. 生产服务部门

生产服务部门是实现生产服务过程,为基本生产和辅助生产部门提供服务的单位。一般包括:

(1) 运输部门。一般设有汽车库、装卸队等。
(2) 仓库。包括材料库、半成品库、成品库、工具库等。
(3) 试验与计量检验部门。包括技术检查站、中央试验室、中央计量室等。

图 4-1 为某车间厂房的布局方案。

以上企业生产单位的组成是最基本的,但不是所有企业都是完全相同的。生产单位的组成受企业生产的产品对象、生产专业化协作程度、生产规模、技术条件以及生产类型的影响而各有所异。例如,单纯装配型企业,在基本生产部门就不需要设立加工和毛坯车间。同样,工艺专业化程度较高的锻造厂、铸造厂、电镀厂、机械加工厂都不具备生产某种产品的

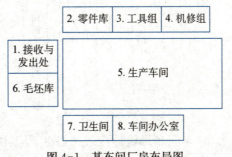

图 4-1 某车间厂房布局图

全部生产过程,因此也就没有设立相应的其他基本生产车间的必要。又如,修理、动力、工具、运输等服务和供应部门,在社会协作发达的情况下,也可以由其他企业来承担,而不需要在每一个企业里都单独设立相应部门。为了提高专业化协作水平,简化组织管理程序,提高企业技术经济效果,企业生产单位的组成将由"大而全"或"小而全"的组织形式向专业化程度更高的"大而专"或"小而专"的组织形式发展。

第二节　布局设计的原则

1. 布局设计的含义

布局设计是决定企业长期运营效率的重要决策,它将系统的各个部门、工作中心和设备按照系统中工作移动的情况来进行配置。

布局设计是指根据企业的经营目标和生产纲领,在已确认的空间场所内,按照原材料的接收、零件和产品的制造、成品的包装、发运等全过程,力争将人员、设备和物流所需要的空间做最适当的分配和最有效的组合,以获得最大的经济效益。布局包括工厂总体布局和车间布局。

工厂总体布局设计应解决工厂各个组成部分(图 4-2),包括生产车间、辅助生产车间、仓库、动力站、办公室、露天作业场地等各种作业单位和运输线路、管线、绿化及美化设施的相互位置,同时应解决物流的流向和流程、厂内外运输的连接及运输方式。

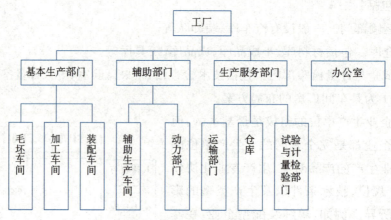

图 4-2　工厂的单位组成部门

车间布局设计应解决各生产工段、辅助服务部门、储存设施等作业单位及工作地、设备、通道、管线之间的相互位置,同时解决物料搬运的流程及运输方式。

2. 布局设计的基本原则

布局设计的原则主要有以下几点：

(1) 保证运输路线最短。运输路线最短是缩短生产周期，减少生产费用，加强和保持生产环节之间联系，改善生产组织和管理工作的重要条件。因此一切厂房、建筑、设施的布局要尽可能满足这一要求。其中应首先以基本生产过程的需要作为考虑这个问题的起点，然后再分别与基本生产过程相联系，考虑其他方面的问题。缩短运输路线的关键是缩短基本生产过程的运输路线，而其他生产过程，如辅助生产过程，以及服务过程所需场地的合理布局应以缩短基本生产的运输路线为前提。

(2) 生产协作关系密切的车间和单位应就近布局。这种布局方式有利于加强车间之间协作联系，便于辅助生产和生产服务工作及时满足基本生产的需要。

(3) 布局紧凑，占地面积小。布局紧凑和占地面积小，不仅可以增加物流的速度，减少物流的频次和缩短运输路线，而且可以大大减少建厂前的投资费用和建厂后的运行费用，如电气线路、地下管道和运输道路的维护保养费用等。因此在工厂布局时应以节约用地为原则，充分发挥和有效地利用厂房和建筑面积。

(4) 保证安全生产，有利于职工的健康。凡属有毒、有害、易燃、易爆的生产单位或车间除采取必要安全措施外，还应布局在厂区边远的地方。厂房及建筑物之间的距离要符合防火、安全、采光、卫生的要求，同时应注意厂区整洁美观的需要，适当安排一定的绿化场地。

(5) 考虑长远生产发展的需要。随着科学技术的进步，社会对产品需要量的增加，企业的生产不可能长期停留在一个水平上。因此工厂的布局应留有余地，考虑长远发展的需要。否则一旦扩大生产，没有可供扩充的场地，就会影响企业的继续发展。但是，考率长远生产发展，必须有一定的可靠根据，不能盲目增加不必要的场地。

第三节　系统布局设计

一、SLP 概况

1961 年缪瑟提出系统布局设计(system layout planning, SLP)，该方法通过物流分析，分析作业单位关系的密切程度，计算各作业单位面积需求，考虑布局的约束条件，评价与优化布局方案。SLP 方法不但应用于工厂新建、扩建与改建，也适用于办公室、仓库的布局，并广泛适用于医院、超市等服务业。

1. 基本要素

SLP 的基本要素或称为原始资料,包括 P, Q, R, S, T。

(1) 产品 P:生产什么?

产品 P 是指待加工的零件或成品等。对于成品而言,则要确认哪些零部件自制,哪些外购。产品直接影响生产单位的组成、各作业单位之间的相互关系、生产设备选购、物料搬运的方式等。

(2) 产量 Q:每种产品要制造多少?

产量 Q 指生产产品的数量,可用件数、重量、体积或销售额表示。数量影响着生产工艺选型、生产类型、设施规模、生产设备数量、运输量及建筑面积大小等因素。

(3) 工艺路线 R:怎样生产?

工艺路线是指生产零部件的各个步骤及加工顺序,可用工艺流程图、工艺路线卡来表示。工艺路线卡标明工序号、工序名称、加工设备、加工时间、工艺技术要求等,它影响着作业单位之间的关系、物料搬运路线、仓库(成品、原料)及堆放地(在制品、废料)的位置等方面。

(4) 辅助服务部门 S:用什么来支持生产?

辅助生产部门和服务部门,包括工具室、维修车间、动力、收货、发运、铁路专用路线、办公室、食堂、厕所等。这些部门是生产的支持系统,在某种意义上加强了生产能力,布局设计时必须给予足够重视。

(5) 时间安排 T:产品何时生产?需要多久?

指在什么时候生产、用多长时间生产出产品,以确保生产顺利完成。时间安排包括各工序的操作时间、批量更换的次数。在工艺过程设计中,根据时间因素可以求出设备的数量、需要的面积和所需人员数量,平衡各工序的生产能力。

2. SLP 的各个阶段

SLP 共分为四个阶段(图 4-3、表 4-1):

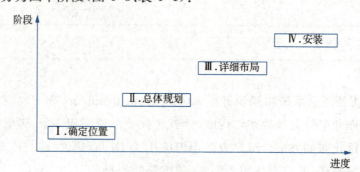

图 4-3 SLP 阶段图

表 4-1　SLP 的四个阶段

第一阶段 确定位置	第二阶段 总体规划	第三阶段 详细布局	第四阶段 安装
● 确定厂房的位置 ● 确定可用空间面积及周围影响因素（基础设施、供应商服务水平、政策）	● 全厂平面布局以及部门的划分和布局 ● 确定主要通道	● 机器的选型和选购以及设备的布局 ● 准备安装	● 准备图纸和说明，购买安装设备 ● 培训员工 ● 控制进度、成本、质量

3. SLP 的工作程序

系统布局设计包括总体平面布局和车间布局。

（1）总体平面布局。首先，研究产品、产量、工艺路线、辅助服务以及时间安排。在此基础上，划分生产作业单位，分析各作业单位的物流以及作业单位之间的相互关系密切程度，进而绘制作业相关图。其次，凭经验估算出各作业单位面积。再次，根据作业相关图，以及估算的作业单位面积，给出总体平面布局的初始方案，并对初始方案进行修正、调整，得到几种可行方案。最后，评价这些方案，从中选择满意的方案。SLP 工作程序如图 4-4 所示。

（2）车间布局。总体平面布局完成后，进一步对各作业单位或车间进行布局。详细划分车间内部各工段的作业区、在制品存放区，以及每台设备摆放位置（按工艺专业化原则布局，按产品专业化原则布局还是固定位置布局），主、辅通道设计等。有时对作业单位进行详细布局时，可能需要对总体平面布局做出调整。

二、布局的前期工作：优化生产流程

布局工作开展之前，要先做好生产流程优化、产品/工艺原则布局、设备选型等工作。

1. 生产流程优化

所谓生产流程优化，就是分析现有生产流程，看看是否可以合并、删除一些操作，进一步简化和优化流程。或者原先由几台简单设备完成几道工序的加工，现在用一台多轴加工中心取代原来几台简单设备。加工中心可以一次定位多次加工，这样更方便于人员安排和管理。

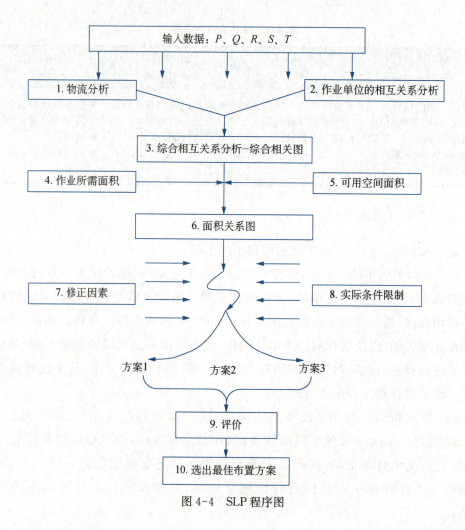

图 4-4　SLP 程序图

2. 工艺/产品原则布局

在布局之前应当考虑生产单位的划分,即车间布局是按工艺专业化原则布局,还是按产品专业化原则布局,这两种专业化布局方式分别有其优缺点。例如一批尺寸大小不一的产品需要进行洗涤、清洁、油漆、测试等工艺,若采用如图 4-5(a)所示工艺专业化布局原则布局,则其缺点为:生产路线长,搬运工作量大,在制品库存量大;优点为:设备柔性高,对产品适应性强。如果采用图 4-5(b)所示的产品专业化原则布局,按产品尺寸大小分为大、小、专用三条生产线,则其优点为:生产周期短,物品搬运量小;缺点为:设备投资大,专用线对品种适用性差。

3. 设备选型

选用不同的设备,则相应的生产流程也不同。比如喷丸设备,对 A、B 两种规格

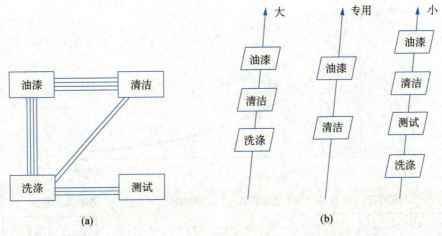

图 4-5 布局原则

工件进行表面光洁度处理。有三种喷丸设备：综合大型喷丸机、小型专用抛丸机、双炉大型喷丸机，如图 4-6 所示。

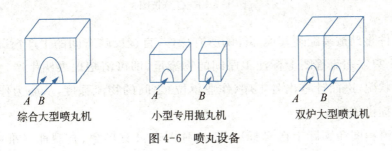

图 4-6 喷丸设备

三、物流分析

1. 物流分析工具

物流分析的工具随产品组合的不同而不同，如图 4-7 所示。

A：当仅有少数几种高产量的产品时，采用"工艺流程图"分析物流量；

B：当几种产品产量都较高时，采用"多产品工艺流程表"来分析物流量；

C：涉及许多部件时，采用"成组技术"对产品进行分组，然后对分组后的产品采用"工艺流程图"或"多产品工艺流程表"方法来分析；

D：由许多部件组成，且产量小的产品，采用"从至表"来分析物流量。

（1）工艺流程图。在大批量生产中，品种很少，工艺流程图记录了零件从原材料

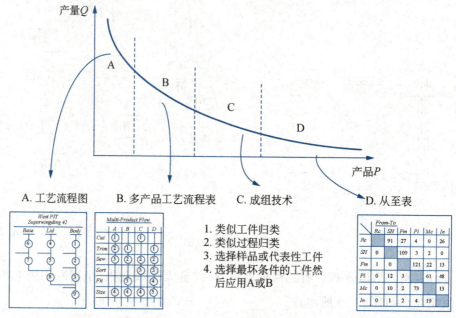

图 4-7　P-Q 分析图

到制成零件直到被装配到其他部件的所有操作,直接反映车间的生产情况。进行物流分析时,只需在流程图上标注工序间的物流量,即可清楚地表明生产过程中车间物料流动状况,进而计算出各工序(作业单位)之间的物流强度,从而为作业单位位置的确定提供依据。

工艺流程图在国际上已经标准化,这种图表具有形象、直观而又准确的特点。依据美国机械工程师学会通过的工序与流程图表标准,加工流程中所包括的生产活动可分为 5 项:加工(○)、运输(⇨)、检验(□)、间歇(D)、储存(▽)。表 4-2 所示为几种生产活动的符号。工艺流程图的例子如图 4-8 所示。

工艺流程图一般包括工时、移动距离等信息,也可包括数量(即物流量)、作业名称、所用设备等信息。见图 4-8,其中符号左边的数字代表工序时间,○中的数字代表工序编号,共有 16 道工序,□表示检验,共有 4 道检验工序。

表 4-2　生产过程要素符号、意义

含义	加工	运输	检验	间歇	储存	同时性活动
符号	○	⇨	□	D	▽	⌾

注:"同时性活动"指同时进行多项生产过程。

(2) 多产品工艺流程表。当产品种类较多、产量较小时,如果采用工艺流程图进

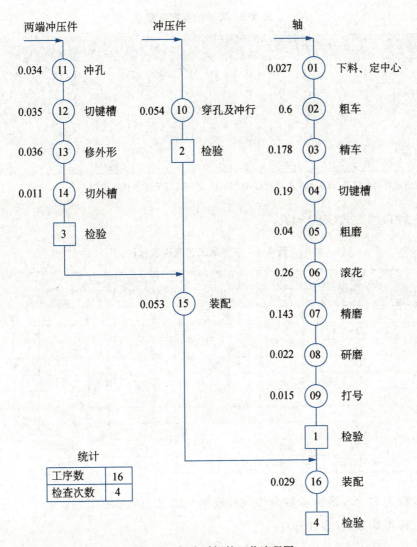

图 4-8 标注时间的工艺流程图

注：(1) 单位：小时。
(2) 图中，轴加工是主要零件的加工工艺，应在图的最右边，冲压件、两端冲压件这两个配件应在左边。

行物流分析，不仅工作量大，而且难以分析各产品工艺过程之间的相关性。因此，一般采用多产品工艺流程表进行物流分析。

具体做法是：将所有零件或产品的工序都绘制在一张图表上，表中，列表示各零件经过的工序，行表示各零件，然后将每个零件的工艺流程绘制在表内。这种图表可以帮助归纳总结各零件的物流量。注意要尽量减少倒流现象。

例 4-1 假设一组零件及其生产流程（工艺过程）如表 4-3 所示。假定设备一字排开，两台相邻设备之间的距离为"1"。

表 4-3 零件的生产流程

零件编号	生产流程						
1#	I	B	C	E	D	G	O
2#	I	C	E	D	B	O	
3#	I	F	G	C	B	D	E	O
4#	I	G	B	D	E	O	
5#	I	D	B	E	O		

注：I 表示原材料入口处，O 表示生产线出口，B、C、D、E、F、G 表示各机器设备。

第一种布局方式（表 4-4）：

表 4-4 多产品工艺流程表(a)

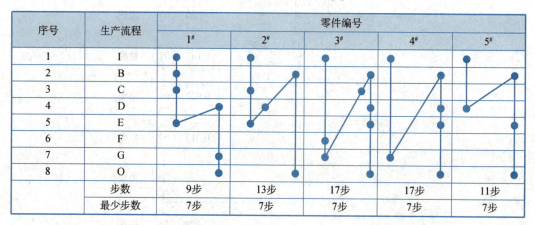

序号	生产流程	零件编号				
		1#	2#	3#	4#	5#
1	I					
2	B					
3	C					
4	D					
5	E					
6	F					
7	G					
8	O					
	步数	9步	13步	17步	17步	11步
	最少步数	7步	7步	7步	7步	7步

总步数为 67 步，最少步数为 35 步，效率＝35 步/67 步＝52%。

第二种布局方式（表 4-5）：

表 4-5 多产品工艺流程表(b)

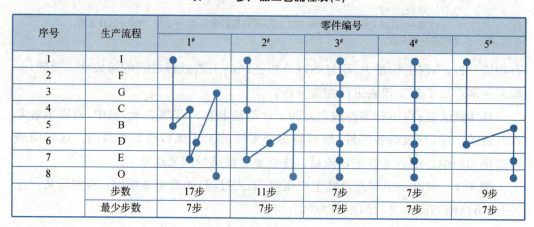

序号	生产流程	零件编号				
		1#	2#	3#	4#	5#
1	I					
2	F					
3	G					
4	C					
5	B					
6	D					
7	E					
8	O					
	步数	17步	11步	7步	7步	9步
	最少步数	7步	7步	7步	7步	7步

总步数为 51 步,最少步数为 35 步,效率＝35 步/51 步＝69%。

由此可以看出,通过合理的布局,可以提高生产流程效率。

(3) 从至表。当产品品种很多,产量不一,且零件或物料数量非常多时,可以用"从至表"来进行物流分析。表中列表示物料移动的源,即"从";行表示物料移动的目的地,即"至";行列交叉点标明由源到目的地的物流量。跟工艺流程图和多产品工艺流程表相比,从至表可以清晰地反映各作业单位之间的移动物流量、移动距离和移动顺序等物流状况,其物流存在的问题一目了然。

若从至表中只有右上半角有数据,左下半角没有数据,这表明都是顺流物流,没有倒流物流现象,这是一种比较理想的状态。而且该表中数据,尤其是较大的数据都集中在靠近对角线的位置,说明物流量大的两道工序是优先靠近布局的,这也是非常理想的物流状态。

例 4-2 设有三个产品 A、B、C,每个产品的工艺路线和每天搬运数量如表 4-6 所示;各作业单位距离如表 4-7 所示,试做出物流分析。

表 4-6 产品工艺线路以及搬运数量

产品号	工艺路线	每天搬运托盘数
A	1→2→5→6→3→5→4→6→7→8	8
B	1→4→3→5→6→7→8	3
C	1→2→3→4→5→6→7→8	5

表 4-7 作业单位距离

从　　至	1. 原料	2. 锯床	3. 车床	4. 钻床	5. 铣床	6. 检验	7. 包装	8. 成品
1. 原料		8	20	36	44	30	18	10
2. 锯床			12	28	36	22	10	18
3. 车床				16	24	10	22	30
4. 钻床					8	18	30	38
5. 铣床						26	38	46
6. 检验							12	20
7. 包装								8
8. 成品								

按照工艺路线以及搬运数量(表 4-6)画出产品运量从至表,如表 4-8 所示,其中

格子内字母为产品代号,数字是托盘数,多个产品在同一个格子内,运量为它们托盘数相加。

表 4-8 产品运量从至表

从 \ 至	1. 原料	2. 锯床	3. 车床	4. 钻床	5. 铣床	6. 检验	7. 包装	8. 成品
1. 原料		AC13		B3				
2. 锯床			C5		A8			
3. 车床				C5	AB11			
4. 钻床			B3		C5	A8		
5. 铣床				A8		ABC16		
6. 检验			A8				ABC16	
7. 包装								ABC16
8. 成品								

注:表中 AC13=A8+C5;AB11=A8+B3;ABC16=A8+B3+C5。

有了表 4-7 和表 4-8,以相应的格子的运量乘以距离便得到物流量,物流量=搬运量×距离,计算结果见表 4-9。

表 4-9 产品及搬运总量从至表

从 \ 至	1. 原料	2. 锯床	3. 车床	4. 钻床	5. 铣床	6. 检验	7. 包装	8. 成品	合计
1. 原料		13×8=104		3×36=108					212
2. 锯床			5×12=60		8×36=288				348
3. 车床				5×16=80	11×24=264				344
4. 钻床			3×16=48		5×8=40	8×18=144			232
5. 铣床				8×8=64		16×26=416			480
6. 检验			8×10=80				16×12=192		272
7. 包装								16×8=128	128
8. 成品									0
9. 合计	0	104	188	252	592	560	192	128	2016

当存在物流倒流现象时,倒流物流量出现在从至表中的下三角方阵中,此时从至表中任何两个作业单位之间的总物流量(物流强度)等于正向物流量与逆向(倒流)物流量之和,如表 4-9。

2. 物流相关表

物流分析的主要内容包括物料移动的顺序、搬运量和搬运距离等。物料搬运量大小反映了工序或作业单位之间相互关系的密切程度。

通常把一定时间周期内的物料搬运量称为物流强度，一般用件数、重量、托盘或货箱量作为计量单位。物流强度大的作业单位应该靠近，减小移动距离，这是基本原则。物流强度有 5 个等级，即超高物流强度、特高物流强度、较大物流强度、一般物流强度和可忽略物流强度，分别用符号 A、E、I、O、U 表示。作业单位中各等级物流强度所占的比例如表 4-10 所示。

表 4-10　物流强度等级划分

物流强度等级	符号	物流路线比例(%)	承担的物流量比例(%)
超高物流强度	A	10	40
特大物流强度	E	20	30
较大物流强度	I	30	20
一般物流强度	O	40	10
可忽略物流强度	U		

按照表 4-10 所示的规则确定各工序间的物流强度等级后，将物流强度等级填入从至表，即可获得原始物流相关表。图 4-9 为某工厂作业单位的物流相关图。

序号
作业单位名称
1 原材料库
2 锯床
3 车床
4 钻床
5 铣床
6 检验
7 包装
8 成品
O
U
O O
U U
I E U
E U U
O O U U U
I U U
A U U
U U
I U
U
I

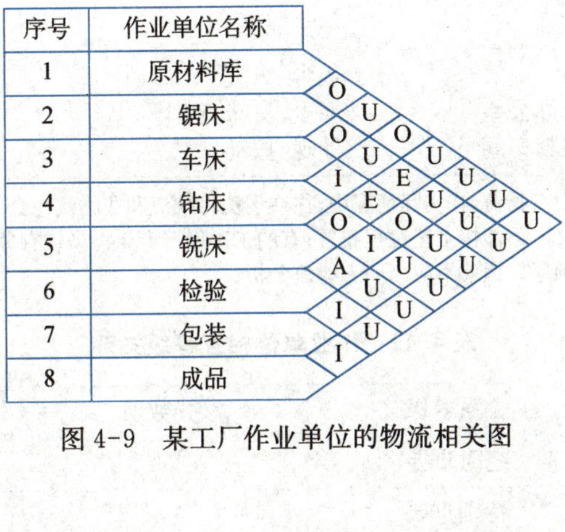

图 4-9　某工厂作业单位的物流相关图

3. 非物流关系分析

作业单位间相互关系除了物流关系之外还存在非物流关系，非物流分析是指对单位之间物流关系之外的相关密切程度的分析。比如办公室和维修车间之间，往往不存在真正固定的物流关系，可用信息作为依据，甚至将人当做流动的“物料”。

非物流关系分析考虑的因素很多，但根据缪瑟在 SLP 中的建议，每个项目中重点考虑的因素不应该超过 8—10 个。作业单位间非物流关系各密切程度理由的基准相互关系示例如表 4-11 所示。确定了作业单位间相互关系密切程度的影响因素后，就可以给出各作业单位间的关系密切程度等级，在 SLP 中作业单位间相互关系密切程度等级划分为 A、E、I、O、U、X 六个等级，其含义及比例如表 4-12 所示。

表 4-11 作业单位非物流基准相互关系示例

字母	作业单元对	关系密切程度的理由
A	钢材库和剪切区域 终检和包装 清理和油漆	搬运物料的数量 类似的搬运问题 损坏没有包装的物品 包装完毕以前检查单不明确 使用相同的人员、公用设施、管理方式和相同的建筑物
E	接待和参观者停车处 金属精加工和焊接 维修和部件装配	方便、安全 搬运物料的数量和形状 服务的频繁和紧急程度
I	剪切区和冲压机 部件装配和总装配 保管室和财会部门	搬运物料的数量 搬运物料的体积、共用相同的人员 报表运送、安全、方便
O	维修和接收 废品回收和工具室 收发室和厂办公室	产品的运送 共用相同的设备 联系频繁程度
U	维修和自助食堂 焊接和外购件仓库 技术部门和发运	辅助服务不重要 接触不多 不常联系
X	焊接和油漆 焚化炉和主要办公室 冲压车间和工具车间	灰尘、火灾 烟尘、臭味、灰尘 外观、振动

注：非物流分析中并不是没有物流，在实际情况中，往往无法将物流和非物流完全区分开来。比如有些重大零部件的搬运要考虑运入运出的条件，不能按工艺过程布置；有的工序属于产生污染或有危害的作业，需要远离精密加工和装配区域，也不能考虑工艺顺序。因此不应当归于物流分析。

表 4-12 作业单位相互等级关系

符号	关系等级	分数值	作业单位对比例(%)
A	绝对重要	4	2～5
E	特别重要	3	3～10
I	重要	2	5～15
O	一般	1	10～25
U	不重要	0	45～80
X	不要靠近	−1	根据需要

确定各作业单位间非物流相互关系密切程度以后,即可利用与物流相关图相同的图表形式建立作业单位间非物流相关图。与物流相关图不同的是,非物流相关图中的每个菱形需要填入两个作业单位之间的关系密切程度等级和理由,上半部分(或左半部分)表示密切程度,下半部分(或右半部分)表示确定密切程度等级的理由。

4. 综合相互关系分析

在大多数工厂中,各作业单位之间的联系既有物流相互关系,也有非物流相互关系。因此,需要将两者进行结合,求出合成的相互关系表,即综合相互关系表,进一步根据各作业单位的综合相互关系进行各作业单位的合理布局。作业单位综合相互关系分析的一般步骤如下:

(1) 确定物流与非物流的相对重要性。一般物流与非物流相对重要性比 $m:n$ 不超过 1:3 或大于 3:1;当比值小于 1:3 时,物流影响小,工厂布局只考虑非物流相互关系;当比值大于 3:1 时,非物流影响小,工厂布局只考虑物流因素。当比值介于二者之间时,需要同时考虑两种关系的影响。

(2) 计算作业单位间综合相关值。设任意两个作业单位为 A_i、$A_j (i \neq j)$,其量化的物流相互关系等级为 MR_{ij},量化的非物流密切程度等级为 NR_{ij},则作业单位 A_i、A_j 之间的综合相互关系密切程度数量值为 $TR_{ij}=mMR_{ij}+nNR_{ij}$。

(3) 划分综合相互关系等级。一般将作业单位综合关系值划分为 A、E、I、O、U、X 六个等级,各字母等级表示的意义如表 4-13 所示。

表 4-13 综合相互关系等级划分比例表

关系等级	符号	作业单位对比例(%)
绝对重要	A	1~3
特别重要	E	2~5
重要	I	3~8
一般	O	5~15
不重要	U	20~85
禁止	X	0~10

(4) 绘制作业单位间综合相关图(图 4-10)。根据作业单位间的综合相互关系等级,绘制作业单位综合相关图。

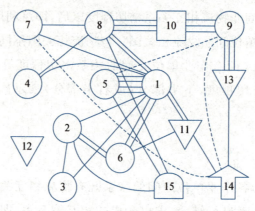

图 4-10 作业单位综合相关图

四、位置相互关系分析

在完成了作业单位综合相互关系分析,得到作业单位综合相关图后,即可进行作业单位位置相互关系分析,并绘制作业单位位置相关图,即用图例、符号、数字、颜色表示各个作业单位之间的相互关系,表明布局各作业单位的相互位置关系及物流强度。需要注意以下几点:

(1) 可以先不考虑作业单位自身的形状和所需面积大小,等到下一步绘制作业单位面积相关图时再详细计算。

(2) 当布局项目中作业单位数量不多时,可直接根据作业单位综合相互关系等级绘制作业单位位置相关图,综合相互关系等级越高的优先绘制,然后绘制与其关系最密切的作业单位,依次绘制直至完成。在实际中存在作业单位数较多的情况,可能出现多个作业单位综合相互关系等级相同的情况,对此,系统布局设计提出作业单位的综合接近程度的概念。综合接近程度是指某作业单位与其他作业单位综合相互关系等级分值之和。综合接近程度越高的作业单位,绘制作业单位位置相关图时优先放入中心位置,然后绘制与其关系最密切的作业单位,综合接近程度越低的单位,越靠近边缘布局。

(3) 需要利用专门的图例、符号、数字和不同的颜色来绘制位置相关图,以便清晰明了地表示出作业单位的作业性质、彼此之间的密切程度和物流强度。

SLP 所用的图例符号包括两方面:

(1) 流程和面积类型图例符号。这类图例符号表示流程、功能、作业和作业区。其中流程类型的图例符号采用美国机械工程学会(ASME)所订标准中的流程图例符号,颜色和阴影用国际物料管理学会的标准,如表 4-14 所示。

表 4-14 流程和面积类型图例符号

图表符号	说明	颜色	黑白图纹
◯	成型处理加工区	绿	
◯	装配、部件装配拆卸	红	
▷	与运输有关的作业单位	橘黄	
▽	储存作业单位/区域	橘黄	
▭	停放或暂存区域	橘黄	
□	检验、测试、检查区域	蓝	
⌂	服务及辅助作业单位/区域	蓝	
⬆	办公室或规划面积、建筑特区	棕(灰)	

(2) 评级和评价类型图例符号。这类图例符号用于评定等级和评价尺度,用元音字母、数值、线条、颜色表示,其中颜色采用国际物料搬运协会审定的标准,如表 4-15 所示。

表 4-15 评级及评价类型等级符号

字母	分数值	线条数	密切程度	颜色规范
A	4	≣	绝对重要	红
E	3	≡	特别重要	橘黄
I	2	═	重要	绿
O	1	—	一般	蓝
U	0	无	不重要	无
X	−1	∿	不希望	棕
XX	−2,−3,−4	∿∿	极不希望	黑

五、面积相互关系分析

在完成作业单位位置相互关系分析并得到作业单位位置相关图后,即可计算各作业单位所需面积，进一步分析各作业单位的面积相互关系，根据每个作业单位的面积大小用适当的形状和比例在图上进行配置，绘制作业单位面积相关图。此步骤需要注意以下两点：

（1）并不一定要等到完成作业单位位置相互关系分析后才开始去计算各作业单位所需面积。一般情况下，在完成基本要素分析并准确地划分了作业单位（生产和辅助服务）后即可计算各作业单位所需面积。

（2）绘制作业单位面积相关图时，如果布局项目中物流关系很重要而非物流关系不重要，可把作业单位面积和物流相关图结合起来；若物流关系不重要而非物流关系很重要，可把面积和非物流相关图结合起来；若物流关系和非物流关系都很重要，则需把面积和综合相关图结合起来。进一步在相应的相关图上把每一个作业单位按物流或非物流关系或综合相互关系按比例画出，并标明面积，得到作业单位面积相关图。

确定面积的方法主要有 5 种：

（1）计算法。计算法是最准确的确定面积的方法。这种方法是详细划分各项作业活动和区域，然后再按其构成的因素对这些业务活动和区域进行分析，计算出各自所需面积，最后将这些面积加总，确定整体的面积。

（2）变换法。该方法是将现在占有的面积修正为现在需要的面积，然后对照未来需要，变换为所需面积。

（3）标准面积法。即利用预先规定的有关面积的资料来确定面积的一种方法。

（4）简略布局法。简略布局法是利用设备的立体模型或样板作业简略布局，然后确定所需面积的一种方法。

（5）比率推算法。即预先求出每个作业人员平均所需面积和单位销售额所相应的发展比率，然后再根据未来职工人数和销售额进行计算确定。

六、布局设计修正

作业单位面积相关图是直接从位置相关图演变来的，只能代表一个理论的、理想的布局方案，必须通过调整修正才能得到可行的布局方案。进行调整和修正必须考虑以下一些内容：

1. 修正因素

（1）场址条件或周围情况。如地面坡度、主导风向、朝向、铁路或道路的出入口，对周围污染、振动、噪声的影响等。

(2) 搬运方法。如与外部运输的连接、搬运的总体方案、搬运方式、搬运设备、吊车起重能力和所占空间等。

(3) 仓库设施。要根据面积相关图重新检查仓库设施的面积,这时要根据货物堆垛、上架、支撑方法等确定面积。

(4) 建筑特征。如建筑立面、柱网、门窗形式、高度、地面负荷等。

(5) 公用及辅助部门。要考虑公用管线、维修部门所需要的面积,包括机器设备、自动化控制设备、通道等的面积。

(6) 人员的需要。包括工厂出入口的分布,更衣室、休息室的位置,以及安全、方便、通信问题,都要作为调整布局考虑的因素。

2. 实际条件限制

在考虑布局时,常常遇到一些对设计有约束作用的修正因素,这些因素叫做实际条件限制。例如,原有的建筑、现有的搬运方法、不易变动的管理方法等限制了理想布局的实现。企业方针、建筑规范、资金不足也是影响布局的重要限制条件。在处理这些修正因素时,会产生重新安排面积的考虑。

通过考虑多种方面因素的影响与限制,形成众多的布局方案,抛弃所有不切实际的想法,保留 2—5 个可行方案供选择。

七、布局方案评价

完成初始布局方案的修正和调整并得到几个可行布局方案后,需要进一步对可行方案进行综合评价,选出最合适的方案作为最终的布局设计方案。某些布局方案,如对于企业现有布局情况来说是完全不同的全新布局方法,一般采用费用对比法进行总费用量化评价,使得总成本最小化。由于布局方案的评价涉及很多难以量化的非成本因素,常利用加权因素法进行评价。

1. 费用对比法

费用对比法主要用于成本评估,成本评估有两个目的:从可选方案中确认最佳方案,以及使投资合理化。

费用对比法一般是在各个方案都已证明是合理、可行的情况下,从经济角度对方案进行比较择优,即寻求方案的成本最小化。分析评价时,可以着重对布局方案的物流费用、基建费用等方面内容进行评价,成本费用最低的方案就是最佳方案。

2. 加权因素法

除成本因素外,所有的工厂设计项目还涉及无形因素或注意事项。每个布局方法都有一些非经济因素,不可能用费用精确地衡量,因此最通用最有效的评价方法就是加权因素法。加权因素法就是把布局设计的目标分解成若干个因素,并对每个因素的相对重要性评定一个优先级,然后分别就每个因素评价各个方案的相对优劣等级,最后加权求和,求出各方案的得分,得分最高的方案就是最佳方案。

在布局方案比较中,最常见的无形的非经济因素有:是否适于将来的发展;工艺过程的适应性;灵活性;物流的效率;物料搬运的效率;储存的效率;空间利用率;辅助服务部门的综合效率;工作条件;安全性;是否易于管理;产品质量;设备维修;设备利用率;是否满足生产能力或需求能力;是否适应公司的组织机构;人流;外观;自然条件的利用;环境保护等。

本章小结

企业的生产过程有广义和狭义之分。广义的生产过程是指从生产技术准备开始,直到把产品制造出来为止的全部过程。狭义的生产过程是指从原材料投入生产开始,直到产品最后制造出来的全部过程。

企业的生产过程包括:基本生产过程、辅助生产过程、生产服务过程及附属生产过程。与之相对应的,企业设立基本生产部门、辅助生产部门、生产服务部门和附属部门。

布局设计的原则包括:①保证运输路线最短;②生产协作关系密切的车间和单位应就近布局;③布局紧凑,占地面积小;④保证安全生产,有利于职工的健康;⑤考虑长远生产发展的需要。

系统布局设计(system layout planning, SLP)包括总体平面布局和车间布局。布局工作开展之前,应先做好生产流程优化、产品/工艺原则布局、设备选型等工作。通过物流分析,得到作业单位综合相互关系,绘制作业单位位置相关图。结合各作业单位所需要面积,绘制作业单位面积相关图。最后修正、评价布局设计得到最终设计方案。

习题

1. 企业生产过程主要包括哪些?相对应的,企业设立哪些部门?
2. 生产单位的组成有两种专业化形式:工艺专业化形式和产品专业化形式。请问什么是工艺专业化形式?什么是产品专业化形式?分别有什么优缺点?
3. 布局设计有哪些原则?
4. 请描述 SLP 主要步骤。

第五章 综合计划

 学习目标

1. 了解计划的种类和计划内容；
2. 理解综合计划的定义，分清综合计划、主生产计划、物料需求计划之间的逻辑关系；
3. 了解综合计划的制订依据、综合计划制订的策略，重点掌握如何应用试错法制订综合计划；
4. 了解收益管理的概念，以及实施收益管理的条件。

 基本概念

综合计划　追逐策略　平准策略　收益管理

第一节　企业计划的分类

企业计划按时间长短分为三类：长期计划、中期计划与短期计划。

长期计划，涉及企业的发展方向和竞争优势。涉及产品和服务的发展规划（新产品研发、老产品更新换代）、生产的发展规模及设备投资计划（规定在计划期内的投资项目、投资费用、项目进度及投资收益分析）、技术经济指标制订（如利润、成本、生产率等指标发展规划）、新生产服务设施的选址和布局、人力资源发展规划等。

中期计划，一般指企业年度计划，是企业根据现有资源条件所制订的企业年度目标及实现目标的对策。由一系列生产指标构成，如产品品种指标、质量指标、产量指标、产值指标，并设置雇员水平、库存水平。

短期计划，是按照年度生产计划具体规定各个生产环节在短时间内的具体生产

任务。

计划任务与时间范围如图 5-1 所示。

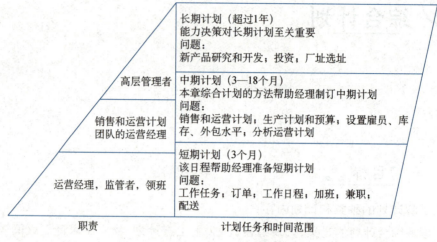

图 5-1 计划任务和时间范围

第二节　什么是综合计划

1. 定义

根据需求预测情况,确定在计划期每个时期的生产水平、库存水平(内部、外部)、延期交货量及定价,实现企业利润最大化的目标。综合计划(aggregate planning)一般是以月或季度为单位,时间范围通常为 3—18 个月。

2. 综合计划、主生产计划、物料需求计划的关系

(1) 综合计划确定一个工厂在计划期内的总产量,通常是由销售和运营计划部门制订。将综合生产计划分解,详细地规定生产产品品种以及生产时间,即是主生产计划。主生产计划(master production schedule,MPS)是根据市场需求和企业的生产能力,确定每一时间段内的每一具体产品的生产数量。

例如,Snapper 公司生产不同种类的割草机,有手推割草机、发动机后置割草机、小型花园拖拉机等,品种多达 145 种。在即将到来的 3 个季度内,该公司的综合计划列出未来 3 个季度内,每个月割草机系列的产量,而非某个型号产品的产量,见表 5-1。

表 5-1　Snapper 公司的综合计划

QUARTER 1			QUARTER 2			QUARTER 3		
Jan.	Feb.	March	April	May	June	July	Aug.	Sept.
150 000	120 000	110 000	100 000	130 000	150 000	180 000	150 000	140 000

（2）主生产在计划管理中起龙头模块作用。在短期内，作为物料需求计划（material required planning, MRP）、零件生产计划（scheduling）、订货优先级和短期能力需求计划的依据。在长期内，作为估计本企业生产能力、仓储能力、技术人员、资金等资源需求的依据。

（3）物料需求计划（MRP），是根据企业的主生产计划，确定原材料、零部件的生产和采购计划，详见第七章内容。

为什么不称为"综合生产计划"？

（1）不仅包括传统意义上的生产计划（规定各个月份的产品品种、型号、产量），还包括劳动力水平（每个月份需要的工人数、加班时间）、供应链管理（外包任务量）。

（2）综合计划由销售和运营计划部门制订，以追求最低的综合成本为优化目标，实现销售与生产相匹配，解决了过去由于生产部门、销售部门分别制订生产计划、销售计划，造成营销和生产计划不匹配、不融合的问题。

第三节　制订综合计划的依据

综合计划的制订需要以下信息：

（1）计划期内 T 个时期每个时期 t 的综合需求预测 F_t；

（2）生产成本；

（3）劳动力成本（工人工资，元/月）、加班的劳动力成本（加班工资，元/月）；

（4）外包的生产成本（元/单位，或元/小时）；

（5）生产能力变换的成本，如新聘任员工、解聘工人的费用（元/人），增加、减少机器产能的成本（元/台）；

（6）生产率——生产单位产品所需的劳动力或机器工时（台/小时·人）；

（7）库存费用（元/单位·月）。

约束条件：

（1）加班的限制；

（2）裁员的限制；

（3）资金的限制；

(4) 供应商的约束,比如,有些生产所需要的零部件、原材料供不应求,受制于供应商;

(5) 延期交货的限制。

综合计划制订者需要确定以下运作参数:

(1) 生产率,单位时间内完成的产品数量;

(2) 劳动力,每月在岗的工人人数;

(3) 加班量,计划的加班生产量;

(4) 机器产能,生产所需的机器台数;

(5) 转包,在计划期内的外包生产能力;

(6) 延期交货,当期未能满足而转移到未来交付的需求;

(7) 现在库存,计划期内各个时期的库存量。

在制订综合计划时,涉及供应链的各个环节。如果制造商计划在某个时期增加产量,那么供应商、运输商和仓储商都必须知晓该计划,并根据该计划相应地调整各自的计划。供应链的各个环节联合制订综合计划,实现供应链绩效最大化,从而有效地克服供应链各个环节独立制订各自的计划,造成各计划冲突,以及由于缺乏协调导致供给短缺或供给过剩的问题。

同理,一个企业的销售部门、生产部门、财务部门、采购部门、仓储部门等部门也一起联合制订综合计划,改变产能配置和修订供应合同,在综合计划的框架下制订各部门的年度计划。

第四节 制订综合计划的策略

市场需求是波动的,而企业最好是平稳生产。解决市场需求波动和企业平稳生产要求之间的矛盾,就要研究处理非均匀需求的策略。解决非均匀需求有下面几项措施:

(1) 改变库存水平;

(2) 改变劳动力水平,如招聘和解聘员工;

(3) 兼职、加班的方式;

(4) 生产能力无法完成订单时,可考虑外包;

(5) 改变产品价格或促销方式来影响需求。

前几种措施主要是改变生产能力来满足市场的需求,最后一种方法主要通过市场营销方式来改变市场需求。总的来讲,解决非均匀需求,制订综合计划有三种策略:追逐策略、平准策略和混合策略。

一、追逐策略

追逐策略(chase strategy)是按照市场需求,安排企业的产品生产率,实现需求与生产能力相匹配,见图5-2。该策略可以通过多种方式实现。如:(1)需求高时采取加班方式,淡季时采取部分停工方式;(2)通过招聘和解聘来改变劳动力水平;(3)外包,将部分订单或生产任务外包给别的企业。

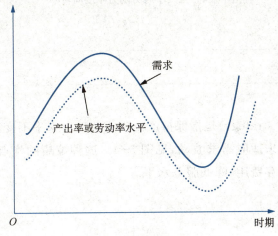

图 5-2　追逐策略

这些改变生产率的方法都各有其优缺点和适用范围。比如,通过招聘和解聘来改变劳动力水平,招聘新员工需要对新员工培训,培训成本高;而解聘工人,员工的流动率过高时又会影响工人士气,士气降低反过来极大地降低企业生产率。

比如,美国制造业,当员工的周转率低于3‰时,其生产率为20万美元,但是当员工的周转率高达20%时,其生产率仅为12万美元,下降了40%(图5-3)。

因此,改变劳动力的方法适用于劳动力密集型且对员工技能要求不高的产业。对于高技术的员工,由于这类员工成长的长期性、数量上的稀缺性,企业一般采用多种激励方法保留。

外包虽然有利于企业集中核心业务、培养核心能力,并帮助企业完成订单,但是,一般讲来,外包成本较高,选择一个好的外包供应商是有困难的。更重要的是培养潜在竞争对手。例如,韩国三星电子就通过代工而逐渐成长,最终成为了世界电子工业的巨头之一。

图 5-3 生产率与劳动力年度周转率

二、平准策略

平准策略(level strategy)是指保持产出率或劳动力水平不变,通过调节库存、延期交货、外包等方法来适应需求波动,见图5-4。这种策略的优点是均衡生产,人员稳定;缺点是增加库存费用,降低服务水平。

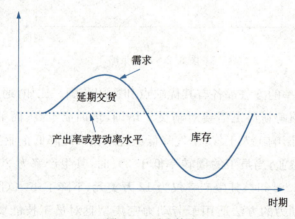

图 5-4 平准策略

三、混合策略

几种方法组合运用即是混合策略(mixed strategy)。企业一般很少采用一种策略,往往采用多种方法制订综合计划。

> **思考题**：以销定产，企业制订生产计划时，一般是根据市场需求来制订计划，是否可以采取合适的策略，改变市场对产品的需求？

答：可以的。需求低迷时，可以采用降价等促销手段拉动需求。需求高涨时，提高产品价格，或采用延迟交货方式。

第五节　应用试错法制订综合计划

目前制订综合计划主要有两种方法：一是反复试验法，或称为试错法（the trial and error method）；二是线性规划法。下面举例说明如何应用试错法制订综合计划。

例 5-1　某公司生产某种产品，全年产品需求预测如表 5-2 所示。其他相关信息如现有工人数、生产率、现有库存量等如表 5-3 所示。根据以上信息试制订一个综合计划。

表 5-2　全年产品需求预测

月份	需求	月份	需求
1	4 000	7	4 900
2	4 200	8	5 300
3	4 300	9	5 700
4	4 500	10	6 000
5	4 700	11	6 000
6	4 800	12	6 000

表 5-3　综合计划信息

项目	数量
现有工人数	50 人
生产率	100 件/(月·人)
工人每月正常工资	1 100 元/(人·月)
加班工资（正常工资 1.5 倍）	1 650/(人·月)
招聘员工	500 元/人
解聘员工	1 000 元/人
库存费用	10 元/(件·月)
月初库存量	400 件

解析:对表 5-2 全年产品需求预测进行分析:

$$累计需求 = \sum_{1}^{12} 需求 = 60\,400(件)$$

$$现有库存 = 400(件)$$

$$全年实际计划生产量 = 60\,400 - 400 = 60\,000(件)$$

$$平均月需求量 = \frac{实际生产计划量}{月数} = \frac{60\,000}{12} = 5\,000(件)$$

为了更形象地看出平均月需求量与各个月份计划产量的关系,参见图 5-5。

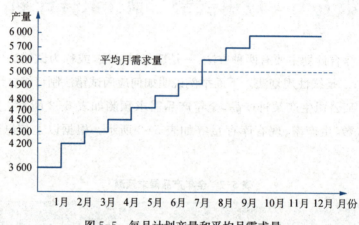

图 5-5　每月计划产量和平均月需求量

1. 策略一:平准策略,工人数不变

从图 5-5 可以看出:1—7 月份的需求量小于平均月需求量,8—12 月份的需求量大于平均月需求量。解题的基本思路:采用平准策略,保持工人数不变,当需求量大于生产能力时,采用加班方式,具体计算步骤如下。

(1) 计算所需的工人数:

$$工人数 = \frac{平均每月需求量}{生产率} = \frac{5\,000}{100} = 50(人)$$

此时现有工人数刚好是 50 人,维持每月 50 人。

(2) 计算每月的加班产量:

1—7 月份,50 个工人的产能 $= 5\,000 >$ 需求量,不需要加班。

8—12 月份,每月的加班量 $=$ 需求量 $- 5\,000$,比如,8 月份的加班产量 $= 5\,300 - 5\,000 = 300$,依此类推,可以求出其余各月的加班量,见表 5-4 第 5 列数字。

$$累积加班量 = 300 + 700 + 1\,000 + 1\,000 + 1\,000 = 4\,000(件)$$

注意:1月份的计划产量＝需求量－月初库存量＝4 000－400＝3 600 件。

(3) 计算总费用:

a. 工人工资＝600×1 100 元/(月·人)＝660 000(元)

b. 加班工资＝$\frac{4\,000}{100}$×1 100×1.5＝66 000(元)

总费用＝工人工资＋加班工资＝726 000(元)

具体计算结果见表 5-4 所示。

表 5-4　加班下的平准策略

月份	需求量 ①	计划产量 ②	工人数 ③	加班产量 ④
1	4 000	3 600	50	
2	4 200	4 200	50	
3	4 300	4 300	50	
4	4 500	4 500	50	
5	4 700	4 700	50	
6	4 800	4 800	50	
7	4 900	4 900	50	
8	5 300	5 300	50	300
9	5 700	5 700	50	700
10	6 000	6 000	50	1 000
11	6 000	6 000	50	1 000
12	6 000	6 000	50	1 000
合计			600	4 000

这种策略优点:工人数稳定,有利于生产稳定,保证产品质量。问题在于:1—7月份50个工人没有充分利用,其后几个月需求量增长时,需要加班,企业需要支付工人1.5倍正常工资的加班费,增加企业费用。

2. 策略二:平准策略,工人数不变,但改变库存

策略一中前半年工人闲置,后半年工人加班,因此我们的解题思路是,充分利用工人,建立库存,以满足后续增加的需求。具体计算结果见表 5-5。

下面详细介绍整个计算过程:

(1) 计算每月计划产量:

计划产量＝50 人×100 件/(月·人)＝5 000(件)

表 5-5　仅改变库存水平的平准策略

月份	需求量 ①	计划产量 ②	期初库存 ③	期末库存 ④	平均库存 ⑤=(③+④)/2	库存保管费 ⑥=⑤×10元/(件·月)
1	4 000	5 000	400	1 400	900	9 000
2	4 200	5 000	1 400	2 200	1 800	18 000
3	4 300	5 000	2 200	2 900	2 550	25 500
4	4 500	5 000	2 900	3 400	3 150	31 500
5	4 700	5 000	3 400	3 700	3 550	35 500
6	4 800	5 000	3 700	3 900	3 800	38 000
7	4 900	5 000	3 900	4 000	3 950	39 500
8	5 300	5 000	4 000	3 700	3 850	38 500
9	5 700	5 000	3 700	3 000	3 350	33 500
10	6 000	5 000	3 000	2 000	2 500	25 000
11	6 000	5 000	2 000	1 000	1 500	15 000
12	6 000	5 000	1 000	0	500	5 000
合计						314 000

(2) 计算每月库存费用：

$$平均库存量 = \frac{每月期初库存量 + 每月期末库存量}{2}$$

$$每月库存费用 = 平均库存量 × 10 元/(月·件)$$

其中：　期末库存量 = 期初库存量 + 计划产量 − 需求量

如 1 月份，平均库存量 $= \frac{400 + (5\,000 - 4\,000 + 400)}{2} = 900$（件）

1 月份库存费用 $= 900 × 10 = 9\,000$（元）

(3) 计算总费用：

a. 工人工资 $= 600 × 1\,100$ 元/(月·人) $= 660\,000$（元）

b. 库存费用 $= 314\,000$（元）

$$总费用 = 工人工资 + 库存费用 = 974\,000（元）$$

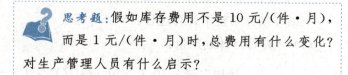

思考题：假如库存费用不是 10 元/(件·月)，而是 1 元/(件·月)时，总费用有什么变化？对生产管理人员有什么启示？

答:当库存费用为 1 元/(件·月)时,策略二的总费用为:

a. 工人工资=600×1 100=660 000(元)

b. 库存费用=31 400(元)

$$总费用=工人工资+库存费用=691\,400(元)$$

启示:当库存费用较高时,宁愿让工人休息,也不多生产,否则产品积压的费用导致生产费用更高。

3. 策略三:追逐策略

通过改变每月员工的数量来改变每月的产量。

(1) 首先制订每年的计划产量,按照追逐策略,每月的计划产量=每月需求量,注意,1 月份的库存量为 400 件,因此,1 月份的计划产量=1 月份需求量-库存量=4 000-400=3 600 件,其他月份计划产量即是需求量。

(2) 其次,计算每月所需员工数,已知每个员工每月生产 100 件,因此,

$$每月所需员工数=计划产量/100$$

(3) 确定招聘和解聘员工数。如 1 月份只需 36 人,现有员工数为 50 人,解聘 50-36=14 人。2 月份需 42 人,招聘 42-36=6 人,具体计算结果见表 5-6 所示。

表 5-6 改变员工数量的追逐策略

月份	需求量 ①	计划产量 ②	所需员工数 ③=②/100	招聘员工数 ④	解聘员工数 ⑤
1	4 000	3 600	36		14
2	4 200	4 200	42	6	
3	4 300	4 300	43	1	
4	4 500	4 500	45	2	
5	4 700	4 700	47	2	
6	4 800	4 800	48	1	
7	4 900	4 900	49	1	
8	5 300	5 300	53	4	
9	5 700	5 700	57	4	
10	6 000	6 000	60	3	
11	6 000	6 000	60	0	
12	6 000	6 000	60	0	
合计			600	24	14

(4) 最后计算总费用。

① 全年共需工人数为 600 人，工资为 600×1 100＝660 000 元。

② 雇用工人工资为 24×500＝12 000 元。

③ 解雇工人工资为 14×1 000＝14 000 元。

$$总费用＝工资＋招聘员工费用＋解聘员工费用$$
$$＝660\ 000＋12\ 000＋14\ 000＝686\ 000(元)$$

上述几种策略的费用如表 5-7 所示。

表 5-7 各种策略的综合生产成本

策略	费用（元）
策略一：平准策略，工人数不变	726 000
策略二：平准策略，改变库存，10 元(件·月)	974 000
平准策略，改变库存，1 元(件·月)	691 400
策略三：追逐策略	686 000

追逐策略费用最低，但是人员变动对生产率和产品质量有很大的负面影响。总体来讲，企业应该维持员工稳定，尽可能减少企业库存费用。

第六节 收益管理

大多数商业模式认为，企业向顾客提供同样的商品和服务，并收取同样的服务费用。实际上，不同顾客其支付意愿是不同的，企业通过对不同顾客收取不同的费用，让企业生产和服务能力与顾客需求相匹配，最终实现企业收益最大化的目标。这就是收益管理。

收益管理广泛应用于如航空公司、酒店、汽车租赁机构、邮轮公司甚至是电力行业，这些行业都有以下特征。

(1) 服务和产品可以提前售卖；

(2) 需求价格弹性大，即需求受价格影响大；

(3) 较低的可变成本和较高的固定成本；

(4) 相对固定的资源（能力）。

下面举例说明收益管理是如何在酒店中运用的。

例 5-2 某酒店有 100 间客房，定价为 150 元/晚，每个房间的可变成本是比较低的，管理者认为，清洁、空调以及附带的肥皂成本等等是 15 元/晚/间。每晚可以入住 50 间客房,图 5-6 说明了当前的定价方案,此时净销售额为每晚 6 750 元。注意从收益管理的角度来看,一些顾客愿意花费的价格大于 150 元,而另一些介于 15—150 元。

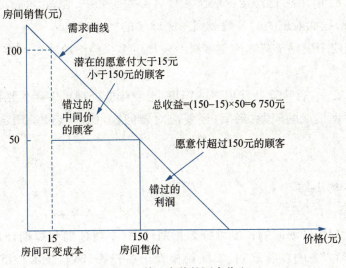

图 5-6　单一定价的酒店收入

图 5-7 设置了两个价格,据统计以 100 元出售的每晚可以入住 30 间,以 200 元出售的也可以入住 30 间,此时收益为 8 100 元。

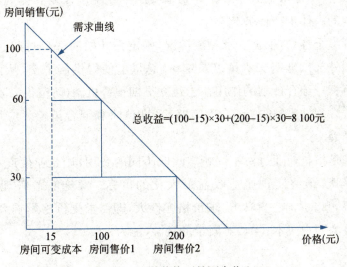

图 5-7　两种价格下的酒店收入

传统上与收益管理相关的行业包括酒店、航空公司、租车公司,它们能够对产品实施可变的价格或者控制产品的使用和可用性(航空公司的座位或酒店房间以经济性定价)。此外,如电影院、表演艺术中心对定价缺乏灵活性,但可以从时间(白天和夜晚)、地点(乐团、戏院楼厅)两方面来管理收益,在这两种情况下,管理者从资源的数量和持久性的方面掌握资源。

为了使收益管理有效,公司需要处理三个问题:

(1) 多个定价结构:这些定价层次对顾客必须是公平、合理、可行的,可以采用多种形式来实现,比如航班的头等舱或高尔夫球场的初始时间。

(2) 预测使用量以及持续使用多久?应提供多少经济舱座位?客户将会为海景房花费多少?

(3) 需求变化:意味着处理更多的销售,也意味着处理更多因价格结构看上去不合理和不公平所造成的问题;最后,还要应对新问题,比如会过量预定,因为预测是不完美的。

本章小结

企业的计划按计划期的长度可分为长期计划、中期计划和短期计划。①长期计划:涉及产品和服务的发展规划、发展规模及设备投资计划、技术经济指标制订(如利润、成本、生产率等指标发展规划)、新生产服务设施的选址和布局、人力资源发展规划等。②中期计划是企业根据现有资源条件所制订的企业年度目标及实现目标的对策。由一系列生产指标构成,如产品品种指标、质量指标、产量指标、产值指标,并设置雇员水平、库存水平。③短期计划是按照年度生产计划具体规定各个生产环节在短时间内的具体生产任务。

企业制订综合计划,根据需求预测情况,确定在计划期每个时期的生产水平、库存水平(内部、外部)、延期交货量以及定价,总量上使得供需平衡,从而实现企业利润最大化的目标。综合计划的作用在于建立早期预警机制,防范供需不平衡。

制订综合计划的策略包括:追逐策略、平准策略和混合策略。应用试错法来制订具体综合计划。

收益管理是指企业通过对不同顾客收取不同的费用,让企业生产和服务能力与顾客需求相匹配,最终实现企业收益最大化的目标。实施收益管理的条件包括:①服务和产品可以提前售卖;②需求价格弹性大,即需求受价格影响大;③较低的可变成本和较高的固定成本;④相对固定的资源(能力)。

习题

1. 什么是综合计划?影响综合计划制订的因素有哪些?
2. 请描述制订综合计划的策略。

3. 某制造企业已经预测了 1—6 月份的产品需求数,如表 5-8 所示,表 5-9 提供了生产相关的信息,请制订一个综合计划。

表 5-8 预测的产品需求

月份	需求预测 ①	每月生产天数 ②	每天需求量 ③=①/②
1 月	900	22	41
2 月	700	18	39
3 月	800	21	38
4 月	1 200	21	57
5 月	1 500	22	68
6 月	1 100	20	55
合计	6 200	124	

表 5-9 生产相关信息

库存费用	$ 5/(月·台)
外包费用	$ 20/台
工人正常工资	$ 10/小时(每天 $ 80)
工人加班工资	$ 17/小时
生产率	1.6 小时/台
生产率增长费用(新聘人员)	$ 300/台
生产率减少费用(解聘费用)	$ 600/台

第六章 库存管理

 学习目标

1. 了解库存基本概念、库存的分类、库存作用以及库存管理的流程；
2. 掌握三种库存控制系统的思想和方法；
3. 掌握基本的库存模型，并用来解决库存管理中有关"订什么？什么时候订？订多少？"等这些最重要的问题；
4. 掌握经济生产批量模型，并应用该模型解决经济生产批量的问题。

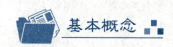

库存　固定量系统　固定间隔期系统　最大最小系统　经济订货批量模型

第一节　库存管理概述

一、库存的定义与分类

库存（inventory）是指存放的资源。根据物流过程的特点，制造业企业有四种状态的库存：原材料库存（material inventory）、在制品库存（work in progress）、成品库存（finished goods inventory）和非生产性物资库存（maintenance, repair & operations, MRO）。

（1）原材料库存：未经加工被直接用于生产产品的材料库存，如钢材、木板、燃料等库存。制造业保留一定原材料库存首先是为了防止生产短缺；从采购费用角度，一定的原材料库存避免了未来材料价格的上涨，大批量采购原材料也能获得更大的折扣收益。

（2）在制品库存：在完成最终加工之前的物品库存。

（3）成品库存：已完成最终加工的物品的库存。

（4）MRO 库存：MRO 是英文 maintenance，repair & operations 的缩写。即：maintenance 维护、repair 维修、operation 运行（MRO）。通常是指用于维护、维修的物料库存，包括各种机器润滑油、维修备件等。

图 6-1　供应链环境下库存的形态及位置

如何理解库存，有几点补充：

（1）传统意义上的库存是指放在仓库中的物品或资源。实际上，库存与这种资源是否存放在仓库无关。机械制造企业存放有许多在制品，很少企业实现真正意义上"一个流"生产，这些在制品存放在加工设备旁边，并没有放在仓库里，也是一种库存。

（2）传统意义上库存指的是放在本企业库存中的静态资源，随着供应链的发展，大量货物处于运输状态，或者由第三方物流企业保管公司的原材料和成品。这些在途资源和第三方物流公司保存的资源也属于公司的库存。

在制品库存管理在生产控制一章详细讲解，MRO 库存属于设备维护管理，主要是根据设备故障规律确定出贮存维修备件清单，以及合理的数量确保设备安全可靠运行，同时降低维修备件的库存费用。本章主要是讲原材料的库存管理（订购批量、订购时间，以及生产批量优化等）。

（3）库存分为原材料、在制品、成品和 MRO 这四种。实际上许多企业可以根据行业特点、生产需要划分更多种类库存，比如机械制造企业还有：①工具库（含量具、模具）、刀具库；②油料库（机械润滑油、清洗剂等）；③废品库、次品及市场退品库；④包装材料库等。

二、库存的作用与弊端

库存一方面占用大量的资金，占用大量的厂房用地，减少了企业利润，甚至导致企业亏损，从这个角度讲库存是罪恶（inventory is evil）。另一方面，大量的缓冲库存

(buffer inventory)有效地防止生产短缺,实现均衡生产。有些原材料,如原油、铝锭、钢材、粮食等这些大宗商品还有"居奇"的投机功能,为企业带来丰厚利润,从这个角度讲库存又是必要的。

1. 库存的作用

(1) 成品库存的作用:①成品库存及时满足用户需求,提高用户满意度,有利于供应商争取到顾客;②外部用户需求是不确定性的,这与供应厂商内部生产的均衡性是矛盾的。准备一定的成品库存不仅保证满足用户的不确定需求,而且使供应方生产均衡,解决不确定需求与均衡生产之间的矛盾。

(2) 在制品库存的作用。由于生产过程中各工序生产能力不同,以及生产设备发生故障造成较长停机时间等,导致生产瓶颈以及生产瓶颈漂移等问题,如果在工序间以及各车间之间保持一定量的在制品库存量,不仅可以有效地防止生产中断,保证生产的连续性,而且有利于各工序间在制品库存管理(投入量、产出量的记录,以及在制品的质量的追溯与管理)。

(3) 原材料库存的作用:①一次性采购一批原材料,不仅减少采购成本和采购管理工作,而且原材料充足确保生产任务完成;②原材料价格上涨时,原材料库存为企业带来较好的利润。针对生产常用物料涨价趋势,储备一定数量,控制成本。这部分原材料称为囤积库存(hedge inventory)。

2. 库存的弊端

(1) 库存占用企业大量资金、厂房空间,增加了产品的生产成本以及企业的管理成本,不利于企业生产周转。

(2) 掩盖了企业众多管理问题,如计划不周、采购不力、生产线不均衡、产品质量不稳定、市场销售不力,这就是为什么日本企业认为"库存是万恶之源"。降低库存,能充分暴露企业管理问题,有利于提高企业管理水平。

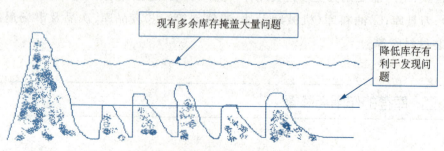

图 6-2　库存掩盖了企业管理问题

三、库存管理的业务流程

企业库存管理的业务流程如图6-3所示。客户下达订单给制造企业,企业的销售部门和运营管理部门根据接到的客户订单和需求预测情况,制订综合计划,确定企业在计划期内的各个季度、月份的产量。将综合生产计划分解,形成主生产计划,主生产计划确定每一时间段内的每一具体产品的生产数量,详细地规定生产产品品种以及生产时间。MRP软件根据输入的MPS、库存信息和BOM表,输出生产计划和采购计划。采购部门根据采购计划、生产部门的请购单,向供应商发送采购清单。仓库部门对供应商提供的物料检验、接收和入库。生产部门从仓库领取生产物料,组织生产,并对完工的产品及时入库。

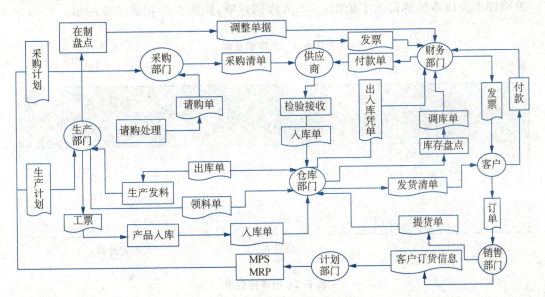

图6-3 库存管理的业务流程图

生产部门和仓库部门为了保证各种物料信息的准确性,定期进行盘点,在线更新物料信息,或者将调整单据发送给财务部门,确保账、物、信息一致性。企业内部的采购部门、生产部门、仓库部门以及外部的供应商都要与财务部门进行财务核算。

第二节 库存管理问题及控制方法

一、库存管理问题

在库存管理过程中,有很多库存品种,每一种品种又有不同规格,各种规格的库存物料(原材料、在制品、生产辅料等)出库入库频繁,因此准确地记录各种物料信息(如名称、规格、编号、数量、存放位置等)是一件较为烦琐及细致的工作。

准确地记录物料信息,不仅方便快速准确地从庞大仓库中找到生产急需原材料、工具生产辅料,而且方便联系供应商,为订购货物提供方便。出库、入库信息的准确性也为成本核算提供了依据。出、入库信息单,如表6-1和表6-2所示。

表6-1 入库信息单

编号:_____   入库时间:___年___月___日

| 货物名称 | 型号 | 编号 | 数量 | | | 单价 | 金额 | 付款方式 | | 备注 |
			进货量	实点数	量差			转账	现付	

审核: 送货人: 仓库管理员:

表6-2 出库信息单

客户名称:_____   发货日期:___年___月___日
发货仓库:_____   储存凭证号码:_____
仓库地址:_____

货物名称	型号	领用单位	单价	数量	金额	是否包装	备注

库存管理问题可以归纳为以下三点:

(1) 隔多久时间盘点一次库存? 面对种类繁多数量大的库存,确定如何盘查企业的库存,尤其是多长时间盘点一次库存以便掌握库存情况,确保库存信息的准确性。

(2) 何时订货? 根据产品的交货期、原材料订购的提前期以及安全库存量制订出合适的订购时机,既能满足生产需求,又可避免过早的订购增加贮存费用。

(3) 每次订多少? 根据主生产计划(MPS),以及现有库存情况,确定合理的订货量。当然订购量应根据折扣优惠价格、订购费用和存贮费用大小以及生产质量控制水平(产品合格率)等因素进行调整。

比如订购量大有折扣优惠时,可以考虑增大订购量,对于原材料紧缺,订购费用高以及供应比较困难的原材料,可以考虑加大订购量。客户需求量大的产品,也要加大订购量。

二、ABC 分类法

1. ABC 管理方法来源及应用

ABC(activity based classification)分类法又称为重点管理法。ABC 分类法是由意大利经济学家维尔弗雷多·帕累托首创的。1879 年,帕累托在研究个人收入的分布状态时,发现少数人的收入占全部人收入的大部分,也即我们经常说的"二八原则"。

1951 年,管理学家戴克(H. F. Dickie)将其应用于库存管理,命名为 ABC 分类法。按其重要程度、消耗数量、价值大小、资金占用情况,分为 ABC 三大类,实施重点管理、一般照顾。分类如下:

A 类:品种少,一般约占企业所需全部物资品种的 15% 左右,而占用资金较多,约占 70%—80%。A 类物品严格控制,一般采用固定量系统控制,经常检查和盘点,保持库存记录的准确性。

B 类:品种约占 30%,资金约占 15%—25%,可适当控制和管理。

C 类:品种约占 60%—65%,资金约占 5%,一般采用定期检查。例如,向同一供应商同时订购各种物品,每半年或一年订购一次,如图 6-4 所示。

例 6-1　有 10 种物品,年使用量及单价如表 6-3 所示,请进行 ABC 分类管理。

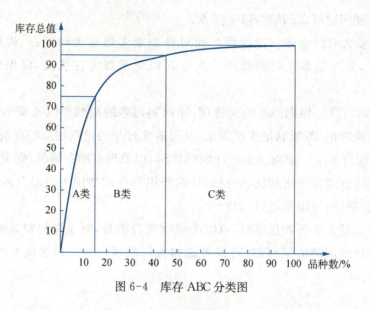

图 6-4 库存 ABC 分类图

表 6-3 物品清单

物品	每年使用量	单位成本(美元/件)
1	5 000	1.50
2	1 500	8.00
3	10 000	10.50
4	6 000	2.00
5	7 500	0.50
6	6 000	13.60
7	5 000	0.75
8	4 500	1.25
9	7 000	2.50
10	3 000	2.00

解：(1) 计算各种物品占用的资金额(美元)，以及资金占用比例(%)。

占用的资金额 = 单价 × 每年使用量

资金占用比例 = 资金占用额 / $\sum$(各物品占用资金额) × 100%

打开 Excel 界面，我们将原始数据输入 Excel 表内，上式的计算结果如下图 6-5。

根据图 6-5，ABC 分类的结果如表 6-4 所示：

	A	B	C	D	E	F
1	物品	每年使用量	单位成本(美元/件)	资金占用额(美元)	资金所占比例(%)	累计资金所占比例
2	3	10000	10.50	105000	41.2%	41.2%
3	6	6000	13.60	81600	32.0%	73.3%
4	9	7000	2.50	17500	6.9%	80.1%
5	4	6000	2.00	12000	4.7%	84.8%
6	2	1500	8.00	12000	4.7%	89.5%
7	1	5000	1.50	7500	2.9%	92.5%
8	10	3000	2.00	6000	2.4%	94.8%
9	8	4500	1.25	5625	2.2%	97.1%
10	7	5000	0.75	3750	1.5%	98.5%
11	5	7500	0.50	3750	1.5%	100.0%
12	总计			254725		

图 6-5 计算结果

表 6-4 ABC 分类结果

分类	物品号码	种类的占有比	占所有资金的比例
A	3、6	20%	73.2%
B	2、4、9	30%	16.3%
C	1、5、7、8、10	50%	10.5%
总计		100%	100%

三、库存的周期盘点

为了保证库存信息的准确性,需要经常对库存进行盘点,检查库存数量与账目信息是否一致,经常会出现盘亏和盘盈情况,调整账目信息并找出差错的原因,以防止类似事情发生。

ABC 分类的库存周期盘点(cycle counting)。对于 A 类物品经常性检查,比如每月盘点一次,确保此类重要信息准确性,B 类物品检查频率可低一点,比如每季节盘点一次,C 类这种不重要的物品可以每半年检查一次。

例 6-2 某公司大约 5 000 种库存物品,为了保证库存信息准确,请给该公司制订盘点策略。

解:(1)应用库存 ABC 分类方法,对物品分为 A、B、C 三类。A 类物资有 500 种,B 类物资有 1 750 种,C 类物资有 2 750 种。

(2)制订盘点策略,即:A 类物资的盘点周期是每个月(20 个工作日)盘点一次,B 类物资每季节(60 个工作日)盘点一次,C 类物资每 6 个月(120 个工作日)盘点一次。

(3) 计算每天 ABC 物品盘点的数量,见表 6-5:

表 6-5 盘点策略

项目种类	数量	盘点周期	每天盘点的物品数量
A	500	每月(20 个工作日)	500/20＝25/天
B	1 750	每季节(60 个工作日)	1 750/60＝29/天
C	2 750	每半年(120 个工作日)	2 750/120＝23
			合计　　77

从表 6-5 可知,每天盘点 77 件物品。这种做法与一年一次的大规模盘点相比,好处在于:①由于盘点工作量分散,盘点工作更有效率;②通过周期盘点,及时发现事物库存与记录情况之间的差异,有利于较早纠正,减少了物品保管不当造成的损失。

四、智能库存管理及其新技术

1. 自动化立体仓库

自动化立体仓库(automatic storage,AS;retrieval system,RS)一般有几层、十几层乃至几十层高的货架储存单元,用相应的物料搬运设备进行货物入库和出库作业。由于这类仓库充分利用空间储存货物,故其又称为"立体仓库"。

自动化立体仓库具有节约用地、减轻劳动强度、消除差错的优点,极大地提高了仓储自动化水平及管理水平,并大幅度地降低储运损耗、提高物流效率。自动化立体仓库通过企业制造的物联网,与生产线紧密相连成为计算机集成制造系统(computer integrated manufacturing system,CIMS)及柔性制造系统(flexible manufacturing system,FMS)的关键环节。

图 6-6　自动化立体仓库

2. 无人搬运车

无人搬运车(automated guided vehicle，AGV)，通常也称为 AGV 小车。AGV 上装备有自动导向系统，沿预定的路线自动行驶，将货物或物料运送到目的地。并可根据仓储货位要求、生产工艺流程等改变而灵活改变行驶路程。与传统的输送带和刚性的传送线相比，AGV 运行路径改变的费用非常低廉。

AGV 一般配备有装卸机构，可以与其他物流设备自动接口，实现货物和物料装卸与搬运全过程自动化。此外，AGV 依靠自带的蓄电池提供动力，运行过程中无噪声、无污染，满足清洁生产要求。比如海尔集团于 2000 年投产运行的开发区立体仓库中，9 台 AGV 组成了一个柔性的库内自动搬运系统，成功地完成了每天 23 400 件的出入库货物和零部件的搬运任务。图 6-7 为 AGV 小车正在运输物料。

图 6-7　AGV 小车

图 6-8　RFID 系统

3. 射频识别

射频识别(radio frequency identification，RFID)系统的基本工作原理是：阅读器与标签之间通过无线信号进行信息交换。在仓库管理中，RFID 技术最广泛的使用于存取货物与库存盘点，实现自动化的存货和取货等操作。增强了作业的准确性和快捷性，节省了劳动力。图 6-8 为一个人手持阅读器扫描射频识别标签，通过扫描实现信息传入和发出。

4. 个性定制

个性定制(customizing)是指现代仓储由单一的保管功能，转变为拣选、配送、流通加工、包装、信息处理等多项功能，从而满足客户需求，实现仓储增值的新型仓储运营模式。比如，一个储存电脑零部件的仓库，不仅可以为客户提供软件下载，维修服务；同时可以根据客户要求贴标签和条形码以及包装服务，这样当产品送到零售商店时就可以直接销售了。

联邦快递在孟菲斯（美国田纳西州西南部城市）机场设有仓储，隔夜转运的产品也具有增值功能。比如你的电脑坏了，需要换一台新的电脑。联邦快递从仓库中领取一台新电脑发送给你，第二天你会收到新的电脑。当你的旧电脑回到仓库并且修好后，将发给另一个客户。可见，个性化定制是差异化策略的一种，具有低成本和快速反应的特点。

5. 直拨

直拨（cross-docking）是指物品在物流环节中，不经过中间仓库，直接从一个运输工具换载到另一个运输工具的物流衔接方式。在将商品存入仓库之前，分销商将收到的货物以直拨方式发送，满足客户延期交付的订单。应用直拨最典型的企业是沃尔玛。

直拨策略，显著地降低了物流成本，减少分销成本。由于迅速补货，客户服务水平很高。目前随着仓库需要处理的订单增多，更多的分销中心运用直拨方式来提高效率。尽管直拨可以减少产品处理、库存和设施的成本，但对供应商的紧密合作和即时的信息交换有较高的要求。如紧急调度和准确地识别入站产品标志的能力。

五、库存控制系统

为了解决库存管理何时订货？每次订多少？这些最主要的问题，一般采用三种库存控制系统。

1. 固定量系统

所谓固定量系统是指订货点和订货量为固定的库存控制系统，如图 6-9 所示。当库存下降到预定的订购点（reorder level，RL）时，系统就向供应商发出订单，每次订货量都是固定量 Q（一般为经济订购批量，具体计算见本章第三节经济订购批量模型 EOQ）。经过一段时间之后收到订货，库存水平上升 Q。

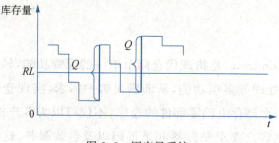

图 6-9 固定量系统

提前期是指发出订货单至收到货物的时间间隔,包括订货准备时间,发出订单,供应方接受订货,供应方生产与产品发运,产品运输,产品到达,提货,验收,入库等过程。提前期一般为随机变量,这就是确定订货点时要考虑安全库存的原因。安全库存(safety stock,SS)也称安全存储量,又称保险库存,是指为了防止不确定性因素(如大量突发性订货、交货误期等特殊原因)而预计的保险储备量(缓冲库存)。

为了确认现有库存量是否达到订货点 RL,须随时检查库存量,并随时发出订单。这样,增加了管理工作,但是好处在于库存量受到严格控制。因此,固定量系统适用于重要物资的库存控制。

为了减少管理工作,实践为采用双仓系统(two bins system)。所谓双仓系统是将同一种物资分放两仓(或两个容器),其中一仓使用完之后,库存控制系统就发出订货。在发出订货后,就开始使用另一仓物资,直到到货,再将物品按两仓存放。

固定量系统的优点:由于每次订货之前要详细检查和盘点库存(看是否降低到订货点),能及时了解和掌握库存动态,并严格控制库存量。

固定量控制系统的缺点:对于物资种类多且订货费用高的情况来说很不经济,因此固定量系统通常应用于重要物资、重要零配件的管理。

2. 固定间隔期系统

为了弥补固定间隔量系统管理工作量大的不足,提出了固定间隔期系统:该系统是每经过一个固定的时间段 T,则发出一次订货,订货量为将现有库存补充到预定的值 S,见图 6-10,当经过固定间隔期 T 时,发出订货,这时的库存为 L_1,订购为 $Q_1=S-L_1$,经过 LT 到货,库存为增加 Q_1,再经过固定间隔期 T 之后,又发出订货,这时库存量降到 L_2,订货量为 $Q_2=S-L_2$,经过一段时间 LT 到货,库存量增加 Q_2。

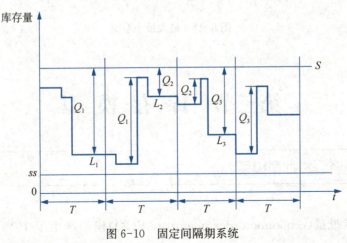

图 6-10 固定间隔期系统

固定间隔期系统的优点:不需要随时检查库存量,只要按固定间隔期订货即可,各种不同的物资又可以同时订货,从而简化了管理,也节省了订货费。所以固定间隔期系统在实践中广泛应用。

固定间隔期库存控制缺点:当前库存水平 L 很高时,订货量少,很不经济。

3. 最大最小系统

固定间隔期系统本质上讲当 L 很高时,订货量少不经济,为了克服这一点提出了最大最小系统。最大最小系统仍是一种固定间隔期系统,只不过它需要确定一个订货点 s;当经过时间间隔 T 时,如果库存量降到了 s 以下,则发出订货;否则再经过时间 t 时再考虑是否发出订货。

系统图如图 6-11 所示。当经过间隔时间 T 之后,库存量降到 L_1, L_1 小于 s,发出订货,订货量为 $S-L_1$,经过一段时间 LT 到货,库存量增加 $S-L_1$。再经过时间 T 后,库存量降到 L_2,L_2 大于 s,不发出订货。在经过时间 T,库存量降到 L_3,L_3 小于 s,发出订货,订货量为 $Q_3=S-L_3$,经过一段时间 LT 到货,库存量增加 $Q_3=S-L_3$。如此循环。

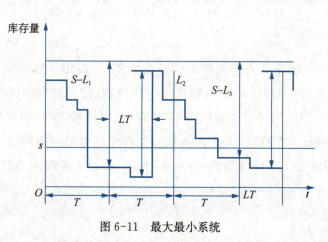

图 6-11 最大最小系统

第三节 库存模型

一、经济订货批量模型

经济订货批量(economic order quantity,EOQ)模型产生于 1915 年,最早是由

哈里斯(F. W. Harris)提出。库存控制的目的是在库存服务水平与库存费用之间寻求平衡点。所以在讨论库存模型前,应首先分析库存的相关费用及问题描述。

1. 问题描述

如图 6-12 描述的经济批量模型,企业库存初始量为 Q,库存以恒定速率即 d 需求率消耗,当库存到达订货点 RL 时,发出订货且订货量为 Q,经过提前期 LT 之后,企业库存消耗到零,此时订货到达,库存瞬间补足到 Q。此时的问题是 Q 为多少时,企业的总成本最低。

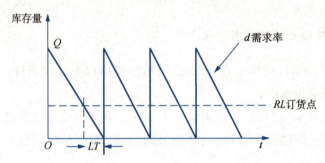

图 6-12 经济订货批量模型下的库存量变化

为了求出最小成本,我们需要分析在库存期间的总成本包括哪些:

(1) 维持库存费用(holding cost),记为 C_H,是维持库存必需的费用。包括资金成本、仓储空间的费用、税收和保险、物品变质和陈旧化损失等。

① 资金成本:资金成本是维持库存物品本身所需要的花费。库存的资源本身有价值,库存占用这部分资金造成机会成本损失。

② 仓储空间费用:包括建造仓库、配备仓储有关设备设施,以及仓库的供暖、照明、维修等开支。随着第三方物流发展,企业将仓储功能外包给专业物流公司,虽然节省了仓储费用,但相应地要支付租赁仓库的费用。

③ 物品变质和陈旧化损失:物品仓储过程:如药品过期,变质等;以及由于技术进步导致产品快速更新换代、产品贬值,典型的如芯片这类电子产品。

④ 税收和保险:不同地区的税率和评估办法有所不同。一般根据一段时期内的平均库存水平来收取税费。保险费用是根据一段时间内的风险估计值或损失值来确定的。损失风险取决于产品价值大小及其存储设备。例如,对于容易被盗的贵重产品和危险产品而言,它们的保险费用就很高。此外,保险费用也会受到设施条件的影响,如使用安全监控和自动喷淋消防系统或许有助于降低风险,因而会降低企业的保险费用。

(2) 订货费用(reorder cost),记为 C_R。订货费用与下订单、货物到达之后的验收入库活动有关。包括与供应商谈判、准备订单及收货检查等。

（3）采购费用（purchasing cost），记为 C_P。采购费用即为采购物品的费用，与产品单价和订货数量有关。

（4）缺货费用（shortage cost），记为 C_S。反映失去销售机会带来的损失、信誉损失以及影响生产造成的损失。它与缺货多少，缺货次数相关。

年库存总费用是以上 4 种费用之和，即：

年库存总费用 $C_T=$ 维持库存费 C_H+ 购买费 C_P+ 订货费 C_R+ 缺货损失费用 C_S

$$C_T = C_H + C_P + C_R + C_S \tag{6-1}$$

2. 经济订货模型的假设条件及符号

根据以上对经济订货模型有关问题的描述，提出以下假设条件：

(1) 采用固定量系统；

(2) 市场需求率为恒定，年需求量以 D 表示，单位时间需求率以 d 表示；

(3) 订购均无价格折扣；订购的货物及时到达，不存在缺货情况；补充率为无限大，全部订货一次交付；

(4) 订货提前期已知，且为常量；

(5) 维持库存费是库存量的线性函数。

有关符号如下：

Q：经济订购批量；

D：年总需求量；

d：需求率（件/天）；

S：单次订货费用（元/次）；

H：单位产品的库存费用（元/(件·年)）；

C_H：维持库存费用；

C_P：采购费用；

C_R：订货费用；

C_S：缺货费用；

C_T：总的库存费用。

3. 模型的建立与求解

如图 6-13，由于需求是以需求率 d 消耗库存，平均库存为 $Q/2$，且假定维持库存费与库存量的现行比例关系，因此维持库存费 $C_H = H \cdot Q/2$；年需求率为 D，经济订货批量为 Q，年订货次数为 D/Q，且每次订货费为 S，因此订货费 $C_R = S \cdot D/Q$；由于假定不存在缺货损失,即 $C_S=0$;C_P 与订货批量大小无关,仅与单价与年需求量 D 有关,因此购买费 $C_P=P \cdot D$ 为常量。总的年库存维持成本为:

$$C_T = C_H + C_P + C_R + C_S$$
$$= H \cdot Q/2 + S \cdot D/Q + P \cdot D \qquad (6-2)$$

将各项费用与订货批量 Q 的关系描绘如图 6-13 所示。由于采购费用 $C_P=P \cdot D$ 是常量,与 Q 无关,因此优化 Q 时可以不考虑 C_P。总费用 C_T 曲线为 C_H 曲线与 C_R 曲线叠加。当订货批量为 Q 增加时,平均库存为增大,相应的维持库存费用增加。另一方面,当 Q 增加时,年订货次数减少,因此订货费用减少。

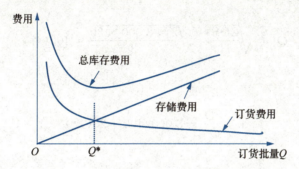

图 6-13 库存各项费用与订货批量 Q 的关系

为了求出最优经济订货批量 Q^*,使得总库存费用 C_T 最小,将式(6-2)对 Q 求导,令 C_T 一阶导数为零,即可得经济订货批量 Q^*:

$$Q^* = \sqrt{\frac{2DS}{H}} \qquad (6-3)$$

假定提前期和需求率已知为常量,可得订购点 RL(reorder level):

$$RL = d \cdot LT \qquad (6-4)$$

由 6-3 式可知,经济订货批量随单位订货费 S 增加而增加,随单位维持库存费 H 增加而减少。可以理解为:难采购的物品一次订货批量要大一些,占用资金量大价格昂贵物品则订货批量小,这些都与人们的常识一致。

例 6-3 某款注射针头的需求量是 1 000 单位,每次的订货费是 10 元/次,库存保管费是 0.5 元/(单位·年)。试求经济订购批量。

解:已知 $D=1 000$ 单位;$S=10$ 元/次,$H=0.5$ 元/(单位·年),则:

$$Q^* = \sqrt{\frac{2DS}{H}} = \sqrt{\frac{2(1\,000)(10)}{0.5}} = \sqrt{40\,000} = 200(单位)$$

经济订购批量为 200 单位。

课堂练习 6-1：

经济订货批量模型示例：S 公司以单价 10 元每年购入某种产品 8 000 件。每次订货费用为 30 元，资金年利息率为 12%，单位维持库存费按所库存货物价值的 18% 计算，每次订货的提前期为 2 周，试求经济订货批量、年订购次数和订货点、最低年总成本。（假定 1 年＝52 周）

解：$P=10$ 元/件，$D=8\,000$ 件/年，$S=30$ 元。$LT=2$ 周。H 则由两部分组成，一是资金利息，一是仓储费用，即 $H=10\times 12\%+10\times 18\%=3$ 元/(件·年)。

因此，经济订货批量：

$$Q^{*}=\sqrt{\frac{2DS}{H}}=\sqrt{\frac{2\times 8\,000\times 30}{3}}=400(件)$$

年订货次数：

$$n=\frac{D}{Q^{*}}=8\,000/400=20(次)$$

订货点：

$$RL=d\cdot LT=(D/52)\times LT$$
$$=(8\,000/52)\times 2$$
$$=307.7\approx 308(件)$$

最低年总费用为：

$$C_T=P\cdot D+(D/Q)\cdot S+(Q/2)\cdot H$$
$$=8\,000\times 10+(8\,000/400)\times 30+(400/2)\times 3$$
$$=81\,200(元)$$

通常情况下，企业会设置一定的安全库存（safety stock，SS）来满足客户的额外需求，以保持一定的客户服务水平。之所以设置一定的安全库存量，原因在于：客户的需求是变化的，而非我们所假定的均匀需求；以及订货的提前期，由于供应商无法按时供货、运输延误等原因，也存在不确定性。

基于此，我们提出在计算再订货点（RL）时分为两个部分：一部分是客户需求率为 d 已知，以及提前期 LT 已知的情况下计算出的平均客户需求（客户需求期望）；另一部分是加上企业为满足客户可能增加的订货量或者订购货物不能按时到达额外增加库存量，则安全库存量 SS，所以再订货点（RL）可表示为：

$$RL=d\cdot LT+SS \tag{6-5}$$

我们可以用图 6-14 来描述再订货点以及服务水平。所谓服务水平指顾客订货得到完全满足的次数除以订货发生的总次数。如服务水平为 95%，即顾客订购 100 次，有 95 次完全满足新华需要。

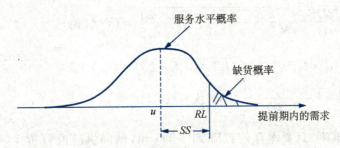

图 6-14　提前期内需求的概率分布

提前期内客户的平均需求量 $u = d \cdot LT$

提前期内客户的需求量的标准差 σ_{dLT}

根据以上信息我们可以计算安全库存：

由于
$$SS = x - u$$

$$Z = \frac{x - u}{\sigma_{dLT}}$$

因此，
$$SS = Z\sigma_{dLT} \tag{6-6}$$

图 6-15 是订货点和库存量关系图：

由图 6-15，需求均值为 $u = dLT$，当考虑服务水平后，再订货点为 $RL = u + SS$，当库存量能满足最大需求时，缺货风险为 0，因此当库存量越大时缺货风险越小，服务水平越高。

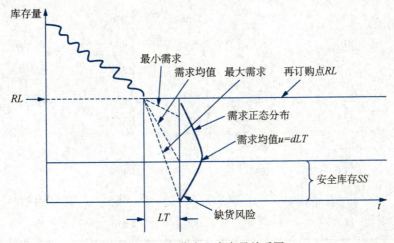

图 6-15　订货点和库存量关系图

例 6-4 已知平均需求＝200 箱/天；提前期＝4 天；每天需求的标准差＝150 箱。每次订货费用 20 元/次，单位库存成本 2 元/年·箱。试求经济订货批量，及要求服务水平为 95% 情况下再订货点的大小。（假定每年营业 50 周，每周营业 5 天。）

解：$Q = \sqrt{\dfrac{2DS}{H}} = \sqrt{\dfrac{2 \times 5 \times 50 \times 200 \times 20}{2}} = 1\,000$（箱）

$RL = (\bar{d} \times LT) + Z \times \sqrt{LT \times \sigma_d^2} = 200 \times 4 + 1.65 \times \sqrt{4 \times 150^2} = 1\,295$（箱）

$n = \dfrac{D}{Q} = \dfrac{5 \times 50 \times 200}{1\,000} = 50$（次）

系统决策准则：只要库存位置降到 1 295 箱，就向供应商订货 1 000 箱，平均来说，每年需要订货 50 次，并且订货间隔时间为 5 天；当然，两次订货之间的实际时间会随着需求而变化。我们称这种决策系统为 Q 系统，Q 系统未来 16 天计算如下表 6-6 所示：

表 6-6　Q 系统示例

天	实际需求量	实际库存量	在途量	总的库存量	订购数量	接收数量
1	111	1 100		1 100	1 000	
2	217	989	1 000	1 989		
3	334	772	1 000	1 772		
4	124	438	1 000	1 438		
5	0	1 314		1 314		1 000
6	371	1 314		1 314		
7	135	943		943	1 000	
8	208	808	1 000	1 808		
9	315	600	1 000	1 600		
10	0	285	1 000	1 285	1 000	
11	440	1 285	1 000	2 285		1 000
12	127	845	1 000	1 845		
13	315	718	1 000	1 718		
14	114	1 403		1 403		1 000
15	241	1 289		1 289	1 000	
16	140	1 084	1 000	2 048		

$Q = 1\,000, RL = 1\,295$

课堂练习 6-2：

某商场对大屏幕液晶电视的需求服从正态分布 $N(520, 2^2)$，每天需求标准差是 2 台，提前期恒定为 10 天，服务水平保持在 95%。求解这家店的订货点是多少？

解：由题可知 $\bar{d}=520$ 台/天，$\sigma_d=2$ 台，$LT=10$ 天，服务水平为 95%，则在 $Z=1.65$，则：

$$RL = \bar{d} \times LT + Z \times \sigma_d \times \sqrt{LT}$$
$$= 5 \times 10 + 1.65 \times 2 \times \sqrt{10}$$
$$= 50 + 10.4 = 60.4 \approx 60 \text{（台）}$$

思考题 6-1： 以上是在提前期内服务水平已知，d 和 LT 都是常量且相互独立的情况下计算 RL，如果提前期内需求率（d）和提前期（LT）不符合这种假定条件时，我们如何计算 RL 呢？

答：为了回答这个问题，分几种情况：

(1) 需求率（d）是常量，提前期（LT）是变量。在这种情况下，我们假定提前期 LT 服从正态分布（$\overline{LT}, \sigma_{LT}^2$），此时服务水平指的是提前期（$LT$）的概率分布，则再订货点：

$$RL = d \times \overline{LT} + Z \times d \times \sigma_{LT} \tag{6-7}$$

式（6-7）中：$\overline{LT}$——提前期平均值；

σ_{LT}——提前期的标准差。

例 6-5 已知，平均需求 = 200 箱/天；每天需求的标准差 = 150 箱；提前期服从正态分布 $d=4$，提前期的标准差 $\sigma_{LT}=1$，每次订货费用 = 20 元/次，单位库存成本 = 2 元/年·箱。试求经济订货批量，及要求服务水平为 95% 情况下再订货点的大小。（假定每年营业 50 周，每周营业 5 天。）

解：由题意可知：$d=200$ 箱/天，$\overline{LT}=4$，$\sigma_{LT}=1$，$\Phi(Z)=95\%$，$Z=1.65$

将各值带入式（6-7），得：

$$RL = (d \times \overline{LT}) + Z \times d \times \sigma_{LT}$$
$$= (200 \times 4) + 1.65 \times 200 \times 1 = 1\,130 \text{（箱）}$$

课堂练习 6-3:

某家医院对医用葡萄糖每周的需求量恒定为 60 包,订购葡萄糖的提前期是呈 6 周的平均值和标准差为 2 周的正态分布,假设医院提供葡萄糖的服务水平是 95%,求医院的葡萄糖订货点。

解:由题可知:$d=60$ 包,$\overline{LT}=6$,$\sigma_{LT}=2$,服务水平为 95%,则在 $Z=1.65$ 将各值带入式(6-7),得:

$$RL = (d \times \overline{LT}) + Z \times d \times \sigma_{LT}$$
$$= (60 \times 6) + 1.65 \times 60 \times 2 = 258(包)$$

(2) 提前期(LT)和需求率(d)都是变量。我们假设需求率(d)服从正态分布 $(\bar{d}, \sigma_d^2)$,提前期服从正态分布 $(\overline{LT}, \sigma_{LT}^2)$,可以得到此时的再订货点:

$$RL = (\bar{d} \times \overline{LT}) + Z\sigma_{dLT},$$

这里我们可以通过将需求波动和提前期波动累加获得:

$$\sigma_{dLT} = \sqrt{LT \times \sigma_d^2 + \bar{d}^2 \times \sigma_{LT}^2},$$

则:

$$RL = (\bar{d} \times \overline{LT}) + Z\sqrt{LT \times \sigma_d^2 + \bar{d}^2 \times \sigma_{LT}^2} \qquad (6-8)$$

例 6-6 已知,平均需求=200 箱/天,每天需求的标准差=150 箱;提前期服从正态分布 $\bar{d}=4$,提前期的标准差 $\sigma_{LT}=1$,每次订货费用=20 元/次,单位库存成本=2 元/(年·箱)。试求经济订货批量,及要求服务水平为 95% 情况下再订货点的大小。

解:由题意可得:$\bar{d}=200$ 箱/天,$\sigma_d=150$ 箱,$\overline{LT}=4$,$\sigma_{LT}=1$ 天,$\Phi(Z)=95\%$,因此 $Z=1.65$,则

$$\sigma_{dLT} = \sqrt{LT \times \sigma_d^2 + \bar{d}^2 \times \sigma_{LT}^2}$$
$$RL = (\bar{d} \times \overline{LT}) + Z\sqrt{LT \times \sigma_d^2 + \bar{d}^2 \times \sigma_{LT}^2}$$
$$= (200 \times 4) + 1.65 \times \sqrt{4 \times 150^2 + 200^2 \times 1^2}$$
$$= 800 \times 1.65 + \sqrt{4 \times 150^2 + 200^2 \times 1^2}$$
$$= 1\,320 + 360.56 \approx 1\,681(箱)$$

 课堂练习 6-4:

已知某商场的畅销电池需求量和订货提前期都是随机变量,每天卖出的电池

大约是150组,电池销量的标准差是16组;电池从厂商订购来的提前期也是随机分布的,提前期平均天数是5天,标准差是1天,假设这家商场的服务水平是95%,求这家商场的电池再订货点是多少?

解:由题意可得:$\bar{d}=150$组,$\sigma_d=16$组,$\overline{LT}=5$天,$\sigma_{LT}=1$天,$\Phi(Z)=95\%$,因此$Z=1.65$,则

$$\begin{aligned}
RL &= (\bar{d} \times \overline{LT}) + Z\sigma_{dLT} \\
&= (\bar{d} \times \overline{LT}) + Z\sqrt{LT \times \sigma_d^2 + \bar{d}^2 \times \sigma_{LT}^2} \\
&= (150 \times 5) + 1.65 \times \sqrt{5 \times 16^2 + 150^2 \times 1^2} \\
&= 750 + 1.65 \times \sqrt{5 \times 256 + 22\,500} \\
&= 750 + 1.65 \times 154 \approx 1\,004(\text{组})
\end{aligned}$$

二、周期检查模型

周期检查模型(periodic review model)又称为P系统,该模型解决如何确定(s, S),以及订购间隔期T,满足库存服务水平的同时降低库存费用的问题。

例6-7 例6-3中已知$EOQ=1\,000$箱,每天需求$d=200$箱/天。所以,在需求稳定的假定条件下,最优的检查间隔时间:

解:
$$T = \frac{Q}{d} = \frac{1\,000}{200} = 5(\text{天})$$

$$\begin{aligned}
RL_p &= m' + s' \\
&= (T + LT) \times d + z \cdot \delta' \\
&= (5 + 4) \times 200 + 1.65 \times \sqrt{(5 + 4) \times 150^2} \\
&= 1\,800 + 1.65 \times 450 \\
&= 2\,542(\text{箱})
\end{aligned}$$

P系统决策计算如下表6-7所示:

表6-7 P系统示例 (单位:箱)

天	实际需求量	实际库存量	在途量	总的库存量	订购数量	接收数量
1	111	1 100		1 100	1 442	
2	217	989	1 442	2 431		
3	334	772	1 442	2 214		

天	实际需求量	实际库存量	在途量	总的库存量	订购数量	接收数量
4	124	438	1 442	1 880		
5	0	1 756		1 756		1 442
6	371	1 756		1 756	786	
7	135	1 385	786	2 171		
8	208	1 250	786	2 036		
9	315	1 042	786	1 828		
10	0	1 513		1 513		786
11	440	1 513		1 513	1 029	
12	127	1 073	1 029	2 102		
13	315	946	1 029	1 975		
14	114	631	1 029	1 660		
15	241	1 546		1 546		1 029
16	140	1 305		1 305	1 237	

$p=5$ $RL=2\,542$

从表6-7可以看出,应用 P 系统进行库存管理,即每 5 天下一次订单,订购数量是将现有库存量补充到规定的水平 2 542。值得注意的是:现有库存量,除了实际库存量之外,还包括已订购但尚在运输途中,还未入库的量。这部分库存称为在途库存(pipeline stock, PS)。

比较 P 系统与 Q 系统,见例 6-4 和例 6-5。可以看出:固定量系统要对库存连续盘点,一旦库存水平达到再订购点,立即进行订购。相反,固定间隔期系统仅是在盘点期进行库存盘点。P 系统由于固定的订购时间,具有较少的库存记录的优点。但是从平均库存量及安全库存量上看,P 系统要高于 Q 系统。两者对比可以归纳为表 6-8。

表 6-8 固定量系统和固定间隔期系统

特征	固定量系统	固定间隔期系统
订购量	Q 是固定的	Q 是变化的
何时订购	当库存量降到再订购点	在盘点期到来时
库存记录	每次出库都做记录	只在盘点期记录
库存大小	小	大
维持所需时间	由于记录持续,所以较长	较短
安全库存量	小	大

两者的逻辑图如图 6-16 所示。

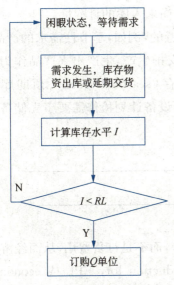
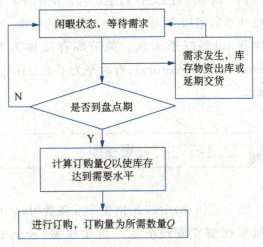

图 6-16(a)　定量订货模型逻辑　　　　图 6-16(b)　定期订货模型逻辑

思考题：如何在实际中应用 Q 系统和 P 系统？

答：当必须按指定的间隔进行订货和送货时，则使用 P 系统。如每周把罐头食品送到食品店。当从同一供应商订购多种货物，并且同时运回来时，应该使用 P 系统。这种情况下，供应商更愿意将这些货物合成一个订单。另外，P 系统使用那些不保持永久纪录的廉价物品。如制造过程中使用的螺母和螺栓。

实际应用时，还可以混合应用 P 系统和 Q 系统。当进行定期检查时，如果库存位置高于订货点，就不订货。如果库存量小于订货点，就订货，并将库存位置补充到最大指标水平。

思考题：按库存的作用分，库存可分为哪几种？

答：按库存的作用分，库存可以分为周转库存、安全库存、在途库存和调解库。

(1) 周转库存(cycle stock, CS)：也称为经常库存，是一种周期性变化的库存。当在一批物料入库后达到最高点，随着生产的消耗，到下一批物料入库前降低到最低。周转库存的大小取决于每次采购物料的数量。

(2) 安全库存(safety stock, SS)：也称为保险库存，是为了防止需求和供应的非预期变化可能带来的物料短缺而保持的库存，其大小受需求和供应的不确定性和期望的服务水平的影响。

(3) 在途库存(pipeline stock，PS)：在运输途中，尚未入库的订购量。

(4) 调节库存：是针对生产与供应的不均衡而设置的，例如，季节性需求的产品，尽管淡季需求极少，但为了生产能力的均衡，还是要安排生产，生产出来产品作为调节库存，以备旺季需求。调节库存又称为季节库存（seasonal stock）、预期库存（anticipation inventory），有时是为了工三休假日及因设备计划检修需要事先储备的物料。

三、经济生产批量模型

如公式(6-3)中的 S 指生产准备费用（setup cost），而不是订货费用，从而经济订货批量模型变成经济生产批量模型（economic production lot，EPL 或 economic production quantity，EPQ）。相应地，Q 指经济生产批量，而不是经济订购批量。

EOQ 假设订购的货物在一定时刻同时到达，补充率为无限大。这意味着 EPL/EPQ 模型中的生产率是无穷大的。这种假设不符合企业生产过程的实际情况，比较合理的情况是：

生产在库存为 0 时开始进行，经过生产时间 t_p 结束，由于生产率 p 大于需求率 d，库存将以 $(p-d)$ 的速率上升。经过时间 t_p 库存达到最大值时，停止生产，避免库存无限增大，生产停止后，库存按需求率 d 下降。当库存减少到 0 时，又开始了新一轮生产。Q 是在 t_p 时间内的生产量，Q 又是一个补充周期 T 内消耗的量。

图 6-17 是经济生产批量的模型。I_{max} 为最大库存量；p 为生产率，t_p 为生产时间；T 为周期时间，其他符号及含义同于 EOQ 模型。

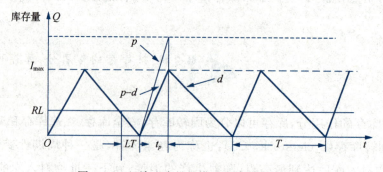

图 6-17 经济生产批量模型及其库存量变化

在 EPL 模型假设下，总成本费用中的缺货费用 C_s 为 0，C_p 与生产批量大小无关，为常量。与 EOQ 模型所不同的是，这里平均库存量为 $I_{max}/2$，而不是 $Q/2$。因此可得经济生产批量模型库存总成本：

$$C_T = C_H + C_R + C_P = H(I_{max}/2) + S(D/Q) + PD \qquad (6\text{-}9)$$

而由图 6-17 可知在生产时间 t_p 期间,库存以 $(p-d)$ 速率上升,因此最大的库存量 $I_{max} = (p-d)t_p$,又由于在 t_p 期间以 p 的生产速度生产的批量为 Q,因此 $t_p = Q/p$,则:

$$C_T = H(1-d/p)Q/2 + S(D/Q) + PD \qquad (6\text{-}10)$$

对 C_T 求 Q 的偏导得:

$$Q^* = \sqrt{\frac{2DS}{H(1-\dfrac{d}{p})}} \qquad (6\text{-}11)$$

比较 EOQ 与 EPL 可以发现,当生产率 p 趋于无限大时,EPL = EOQ(由于 EPL 中分子中的 d/p 趋于零)。因此 EOQ 是 EPL 的一个特例。

例 6-8 公司是生产氧气瓶的专业厂。该厂年工作日为 220 天,市场对氧气瓶的需求率为 50 瓶/天。氧气瓶的生产率为 200 瓶/天,年库存成本为 1 元/瓶,调整费为 35 元/次。[①] 求:经济生产批量(EPL);每年生产次数;最大库存水平;一个周期内的生产时间和纯消耗时间的长度。

解:已知:$S = 35$ 元/次,p[②] $= 200$ 瓶/天,$d = 50$ 瓶/天,$H = 1$ 元/瓶年,年需求量 $D = 50 \times 220 = 11\,000$ 瓶。

(1) 经济生产批量(Q):

$$Q^* = \sqrt{\frac{2DS}{H(1-d/p)}} = \sqrt{\frac{2 \times 11\,000 \times 35}{1 \times (1-50/200)}} = 1\,013(\text{瓶})$$

(2) 每年生产次数:

$$N = (D/Q) = (11\,000/1\,013) = 10.86 \approx 11(\text{次})$$

(3) 最大库存水平 I_{max}:

$$I_{max} = Q(p-d)/p$$
$$= 1\,013 \times (200-50)/200 = 759.75 \approx 760(\text{瓶})$$

(4) 生产时间 t_p 和纯消耗时间 $(t-t_p)$:

$$t_p = EPL/p = 1\,013/200 = 5.065(\text{天})$$
$$t - t_p = (EPL/d) - (EPL/p)$$

---

① 所谓设备调整费是指生产过程中为准备图纸、工艺和工具,以及调整机床,安装工艺装备这些活动所花费的时间和费用。

② 注意:p 与 P 的区别,小 p 指生产率,大 P 指产品单价。

$$= 1\,013/50 - 1\,013/200$$
$$= 20.56 - 5.065 = 15.02(天)$$

> **课堂练习 6-5：**
>
> A 轮胎制造企业专门为 B 公司提供特质轮胎，预测明年 B 公司需要 1 000 个轮胎，A 公司每天生产的轮胎数量是 8 个，但是每天需要提供给 B 公司 4 个，库存保管费 0.5 元/(个·年)，设备调整费是每次 10 元，求：经济生产批量（EPL）。
>
> 解：由题意可知：$S=10$ 元/次，$p=8$ 个/天，$d=4$ 个/天，$H=0.5$ 元/(个·年)，年需求量 $D=1\,000$ 个，则：
>
> $$Q^* = \sqrt{\frac{2DS}{H[1-(d/p)]}} = \sqrt{\frac{2(1\,000)(10)}{0.50[1-(4/8)]}} = \sqrt{\frac{20\,000}{0.50(1/2)}} = \sqrt{8\,000} \approx 89(个)$$

四、价格折扣模型

EOQ 模型中，假定产品价格是固定的。事实上，供应商为了销售更多的产品，往往会向企业提供一定的价格折扣。即订购的批量越大，供应商提供的价格越优惠，这就是价格折扣模型（price-break model）。该模型的假设条件和 EOQ 模型的一样，另外增加了描绘价格与订货批量之间关系的假定条件，见图 6-18。

- $0 < Q < Q_1$ 时，单价为 P_1；
- $Q_1 < Q < Q_2$ 时，单价为 P_2；
- $Q_2 < Q$ 时，单价为 P_3；

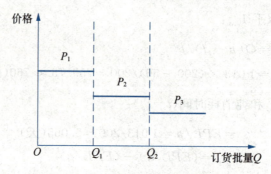

图 6-18 订购数量与价格折扣的关系

显然，$P_3 < P_2 < P_1$。

对于订货商来说,虽然订货批量大,可以有价格折扣,但订购批量增长同时带来了库存增大的问题,仍需要在订购费用(考虑价格折扣因素)和库存费用之间找到平衡点。

1. 求解的基本思想

图 6-19 所示有两个价格折扣模型的费用。年订购费用 C_R 与价格折扣无关,仍是与 EOQ 模型一样的曲线。年维持库存费用 C_H 和年购买费用 C_P 与单价有关。因此,C_H 和 C_P 这两条费用曲线都是不连续的折线。三条曲线叠加,所构成的总费用曲线也是一条不连续的曲线,经济订货批量或者是在总费用曲线最低点、或者是价格折扣点。

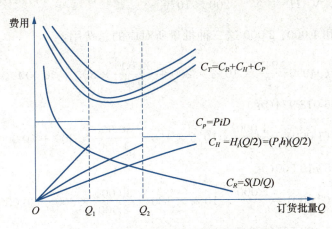

图 6-19　多个折扣点的价格折扣模型的费用

2. 求解的步骤

可以按以下步骤寻找:

(1) 从最低价格代入 EOQ 模型,求出最佳订货批量 Q_0。若 Q_0 可行(即 Q_0 满足价格折扣条件),即 Q_0 为最优订货批量,停止。否则转步骤(2)。

(2) 取次价格代入 EOQ 模型,求出 Q_0。若 Q_0 可行,计算订货量为 Q_0 时的总费用,以及所有大于 Q_0 的数量折扣点所对应的总费用。取其中之一最小总费用所对应的数量,即为最优的订货批量,停止。

如果 Q_0 不可行,重复步骤(2),直到找到一个可行的 EOQ。

例 6-9　某公司每年要购入 30 000 件 A 物料,供应商的价格优惠条件是:一次订货量小于 1 000 件时。价格 200 元/件;订货量为 1 000—2 000 件时,价格为 190 元;2 000 件以上时,价格为 180 元;每次订货费为 300 元;单位产品年库存费为价格的 10%。试求最优订货批量。

解:当价格为 180 元时,经济订货批量为:

$$Q_1^* = \sqrt{\frac{2DS}{H}} = \sqrt{\frac{2 \times 30\,000 \times 300}{180 \times 10\%}} = 1\,000(件)(不在可行范围内)$$

当价格为 190 元时,经济订货批量为:

$$Q_1^* = \sqrt{\frac{2DS}{H}} = \sqrt{\frac{2 \times 30\,000 \times 300}{190 \times 10\%}} = 973(件)(不在可行范围内)$$

当价格为 200 元时,经济订货批量为:

$$Q_1^* = \sqrt{\frac{2DS}{H}} = \sqrt{\frac{2 \times 30\,000 \times 300}{200 \times 10\%}} = 949(件)(在可行范围内)$$

比较 949 和 1 000、2 000 这三种批量所对应的总费用,

$$TC_1 = (949) = \frac{949}{2} \times 10\% \times 200 + \frac{30\,000}{949} \times 300 + 30\,000 \times 200$$
$$= 6\,018\,974(元)$$

$$TC_2 = (1\,000) = \frac{1\,000}{2} \times 10\% \times 190 + \frac{30\,000}{1\,000} \times 300 + 30\,000 \times 190$$
$$= 5\,718\,500(元)$$

$$TC_3 = (2\,000) = \frac{2\,000}{2} \times 10\% \times 180 + \frac{30\,000}{2\,000} \times 300 + 30\,000 \times 180$$
$$= 5\,422\,500(元)$$

由于批量 2 000 时的总费用最低,因此最优订货批量为 2 000 件。全年订货次数为 30 000/2 000=15 次,订货周期为 250/15=16.7 天。

五、报童模型

根据对物品需求是否重复,可将物品需求分为单周期需求与多周期需求。

(1) 单周期需求,是指对物品在一段特定时间内的需求。过了这段时间,该物品就没有原有的使用价值了。圣诞树、月饼都属于这种物品。

(2) 所谓多周期需求,是指在足够长的时间内,对某种存货重复、连续的需求,使其库存需求必须不断地补充。多周期需求在工业企业中普遍存在。

库存控制根据不同的需求类型进行库存管理,从而对应不同的量化模型,我们将不同需求模型归结如下图 6-20 所示。

单周期库存问题按需求情况分为:连续需求的单周期库存模型和离散需求的多周期需求模型。多周期需求模型分为固定量订购模型(或称为 Q 模型)和周期检查

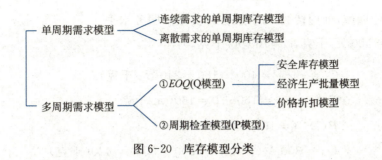

图 6-20 库存模型分类

模型(或称为 P 模型)。Q 模型又根据是否考虑安全库存、价格折扣等因素,细分为安全库存模型、经济生产批量模型和价格折扣模型。

之前的小节已经介绍了多周期需求模型,本小节将介绍单周期需求模型。

1. 单周期库存模型

单周期库存模型主要是指在两个费用之间取得平衡,超储(overstocking)费用和欠储(understocking)费用。如果订货量大于需求预测,企业不得不降价处理超出需求的部分物品,造成超储费用,这里我们用 C_o 表示超储成本,则:

$$C_o = 单位成本 - 单位处理费 = c - b$$

处理费用可能是正值,如:折价变卖。也可能是负值,如还要交处理费。如果订货量小于实际需求量,就会失去潜在的销售机会,导致机会损失和信誉损失。在生产过程中,如果由于备件缺货,则造成的损失还包括生产中断带来的损失。

订货的欠储成本,这里我们用 C_u 表示,则:

$$C_u = 单位收入 - 单位成本 = r - c$$

单周期连续型需求一般用均匀分布或者正态分布来描述;离散型需求用统计频数或者泊松分布来描述。

(1) 单周期连续型库存模型。设 $P(D)$ 为需求量大于或者等于 D 的概率,如果欠储费用的期望值 $P(D) \cdot C_u$ 大于超储成本 $[1-P(D)] \cdot C_o$,则 D 还应该增加,一直加到欠储费用等于超储费用,即:

$$P(D)C_u = [1 - P(D)]C_o$$

这时的 D 等于最佳订货量 D^*,即:

$$P(D^*) = P(D) = C_o/(C_u + C_o) \tag{6-12}$$

例 6-10 某蛋糕店对奶油的需求量在 300—500 千克之间,均匀分布。已知进价为每千克 160 元,根据蛋糕的销售情况,每千克蛋糕获利 400 元。如果一周之内卖不出去，就处理掉，处理费为0，求最佳订货量和服务水平。

解：$r=400$ 元/千克，$c=160$ 元/千克，$b=0$

$$C_u = r - c = 400 - 160 = 240 (元/千克)$$
$$C_o = c - b = 160 - 0 = 160 (元/千克)$$
$$P(D^*) = 160/(240+160) = 0.4$$
$$D^* = 300 + (1-0.4)(500-300) = 420 (千克)$$
$$SL = 1 - 0.4 = 0.6 (千克)$$

因此这家蛋糕店最佳的订货批量是420千克，服务水平是60%。

 思考题：如果此时将服务水平提高到90%，订货量应该是多少？

解：$\mu = \dfrac{A+B}{2} = \dfrac{300+500}{2} = 400$

$\sigma^2 = \dfrac{(B-A)^2}{12} = \dfrac{(500-300)^2}{12} = \dfrac{200^2}{12}$

服务水平90%，对应的 $z=1.28$。

因此，$Q^* = \mu + z\sigma$

$= 400 + \dfrac{100}{\sqrt{3}} \times 1.28$

$= 473.9 \approx 474 (千克)$

 课堂练习 6-6：

圣诞树节要进一批圣诞树，零售售价 $r=105$ 元，每棵成本 $c=15$ 元，当订购的圣诞树大于需求时其处理成本是 $b=5$ 元。圣诞树需求 $D \sim N(30, 10^2)$，求此时的最佳订货批量。

解：由题可知：

$C_u = r - c = 105 - 15 = 90 (元)$

$C_o = c - b = 15 - 5 = 10 (元)$

服务水平 $= P(D \leqslant Q^*) = \dfrac{C_u}{C_u + C_o} = \dfrac{90}{90+10} = 0.9$

对应的 $Z = 1.28$

因此 $Q^* = u + Z \times \sigma = 30 + 1.28 \times 10 = 42.8 \approx 43 (件)$

(2)离散需求的单周期库存模型。对于离散的备件库存或者其他的物品库存,求最佳订货量:

假设一件产品的成本为 c,单价为 r,每一件积压产品最后可卖出的价格是 b,$b<c$。产品的需求为 $D \sim N(u, \sigma^2)$,求最佳经济订货批量 Q。

解:当 $D>Q$ 时,供不应求,但有缺货损失即欠储损失,如图 6-21 所示。

则:欠储情况下,单位产品盈利额 $C_u = r - c$,

欠储损失:$(r-c) \times (Q-D)$

当 $D<Q$ 时,供不应求,产品有积压损失,如图 6-22 所示。

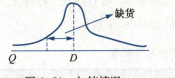
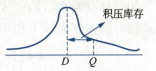

图 6-21 欠储情况　　　　图 6-22 超储情况

则:超储情况下,单位产品盈利 $C_o = c - b$

超储损失:$(c-b) \times (D-Q)$

最小化欠储损失及超储损失,从而最大化盈利,即:

当需求与供给不匹配(mismatch)造成损失,可以在原先计划订货 Q 增加一个订货量变为 $Q+1$,直到损失期望的变化为零,求得最佳订货量,即

$$\begin{aligned}
E[\Delta \text{mismatch}] &= -P(D>Q) \cdot (r-c) + P(D<Q) \cdot (c-b) \\
&= -[1 - P(D \leqslant Q^*)](r-c) + P(D \leqslant Q^*)(c-b) \\
&= 0
\end{aligned}$$

求得:

$$P(D \leqslant Q^*) = \frac{r-c}{(r-c)+(c-b)} = \frac{C_u}{C_u + C_o} \tag{6-13}$$

这时 $P(D \leqslant Q^*) = \frac{C_u}{C_u + C_o} = \varphi(Q^*)$,$P(D \leqslant Q^*)$ 指不缺货的概率,因此 $P(D \leqslant Q^*)$ 即是服务水平。如图6-23 所示。

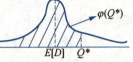

图 6-23 服务水平和库存的关系

式(6-12)和式(6-13)是相同的,但由于离散需求订货量都是要取整数的,因此当符合公式的订货量处于两个给定需求量之间时,应该取订货量中较大的一个,以保证服务水平。

当服务水平 $\varphi(Q^*)$ 和均值 $E[D] = u$ 不变,标准差 σ 越大,意味着需求变动不大,需求分布图越变越平坦,而安全库存也越大 $ss = Z \times \sigma$,订购批量也越大。如图 6-24 所示。

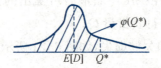
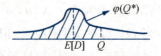

图 6-24(a) 标准差越小,需求波动小　　图 6-24(b) 标准差越大,需求波动越大

例 6-11 某工厂大型机器的维修备件每个 7 000 元,缺货损失包括机器停机造成的生产损失和因此需要专门的订货费,平均每次为 36 000 元,备件处理费为 0,使用备件的数量相对频率如表 6-9 所示,求最佳备件库存数量。

表 6-9 备件使用数量及频率

使用备件数	相对频率	累计频率
0	0.2	0.2
1	0.4	0.6
2	0.3	0.9
3	0.1	1.0
4 及 4 个以上	0	0

解:由题目可知 $C_u = 7\,000$ 元,$C_o = 36\,000$ 元,$P(D^*) = 7\,000/(7\,000 + 36\,000) = 0.163$,$1 - P(D^*) = 0.837$。

由此可知,D^* 服务水平至少要保证在 0.837,因此对应表 6-9 中我们可以知道服务水平选择 0.9,备件应该保持 2。

 本章小结

库存(inventory)是指存放的资源库存。按状态库存分为:原材料库存、在制品库存、成品库存和 MRO 库存 4 种。按作用分,库存可以分为周转库存、安全库存、在途库存和调解库存。

库存管理问题归纳为主要的三个:(1)隔多久时间盘点一次库存? (2)何时订货? (3)每次订多少? 为了解决这些最问题,一般采用三种库存控制系统。即固定量系统、固定间隔期系统和最大最小系统。

本章重点介绍了经济订货批量模型(Q 模型)、周期检查模型(P 模型)、生产经济批量模型和报童模型,特别是考虑安全库存情况下如何修正 Q 模型和 P 模型。这些数学模型定量地计算出订购时间和订购数量,为库存管理决策提供了科学依据。

习题

1. 什么是库存？库存的利弊是什么？如何对库存进行分类？
2. 试描述三种库存控制系统的思想、优缺点及适用范围。
3. 试阐述 ABC 库存管理的思想和具体应用。
4. 已知某电子产品的年需求量 $D=1\,000$ 单位，单位采购价格 $P=12.5$ 元，订货费用 $S=5$ 元/次，单位持有成本 $H=1.25$ 元/件·年，试根据经济订货批量模型求出最佳经济订货批量 Q，以及年订货费用 TC。
5. 某公司生产某零部件供应工厂，已知年需求量为 1 000 件；每次订货成本：$S=10$ 元/次；库存费用为 $H=0.5$ 元/件·年；生产率 $p=8$ 件/天；每天需求率 $d=6$ 件/天。请用经济生产模型求最佳的批量。
6. 某 A 类物资的月需求量服从正态分布 $d \sim N(20, 3^2)$，即均值为 20 吨/月，标准偏差为 3 吨/月。从发出订货单到收到订货货物的时间约为半个月，平均一次订货费为 200 元，一吨物资一个月的保管费 20 元。假定采用 Q 系统进行库存管理，(1)请计算订购批量？(2)为了满足率达到 84%，订货点定为多大？
7. 某个商场每天卖出的相机数量是 10，卖出的数量基本是恒定的，而订购相机的提前期是一个变量，提前期呈正态分布，提前期平均天数是 6 天，提前期的标准差是 1 天，假定服务水平是 98%，求这家商场的相机再订购点。
8. 某书店的书本书里需求和提前期都是呈正态分布。需求是平均每天 30 本，标准差是 2 本；提前期平均天数是 7 天，标准差是 1 天，假定这家书店服务水平是 90%。求这家书店的订货点。

第七章 物料需求计划

学习目标

1. 了解 MRP 发展的背景,掌握 MRP 的思想和原理;
2. 了解 MRP 结构,重点掌握 MRP 的处理过程;
3. 掌握 MRP 系统中的订购批量方法;
4. 分清 MRP、MRPII、ERP 之间的关系,了解 ERP 的特点。

基本概念

MRP MRPII ERP

第一节 MRP 概述

一、MRP 发展背景

上一章介绍库存管理,较好地解决了制造过程中的供需矛盾。但是仍存在以下几个方面的突出问题:

1. 形成"块状需求",平均库存水平很高

假定产品需求均匀,如图 7-1 所示。当产品的库存量下降到订货点时,从零件库中取出各种零件,组织该产品的装配。零件领走之后,零件库存下降一块。如果零件的库存未降到订货点以下时,不必订货,因此原材料库存水平维持不变。如果零件库存降到其订货点以下,就要从原材料库中领取原材料,组织零件加工。这时

就要消耗部分原材料库存。

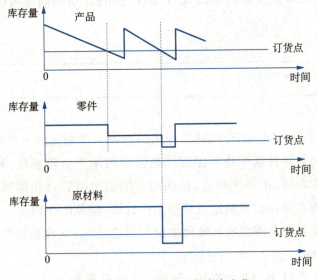

图 7-1　产品、零件和原料库存变化

从图 7-1 可以看出，即使在产品需求均匀的情况下，采用订货点方法，仍造成零件和原材料的需求率不均匀，呈"块状"需求。当产品需求变动较大时，零件和原材料的块状需求更加明显，平均库存水平更高。

2. 高库存和低服务水平的矛盾

服务水平越高则库存越高，而且，服务水平达到 95% 以上时，再要提高服务水平，库存量上升很快。从理论上讲，服务水平接近 100%，则库存量必然趋于无穷大。

如果装配一个部件，需要 5 种零件，当以 95% 的服务水平供给每种零件时，每种零件的库存水平会很高。即使如此，装配这个部件时，5 种零件都不发生缺货的概率仅为 $(0.95)^5 = 0.774$，即装配这种部件时，几乎 4 次中就有一次碰到零件不齐的情况。一台产品常常包含上千种零部件，装配产品时不发生缺件的概率就很低了。这就是采用订货点方法造成零件积压与短缺共存局面的原因。

20 世纪 50 年代后期，传统的"发出订单，然后催办"的计划管理方式由于生产周期长、资源利用率低等缺陷无法满足风云变幻、灵活多样的市场需求。一种新的确定相关需求的方法——物料需求计划（material requirement planning，MRP）应运而生。"物料"泛指具体某件产品以及其生产过程中涉及的所有的原材料、在制品、外购件等零部件。物料间的关系一旦确定，其需求的相关关联也就确定。由于产品所有零部件是相互关联的，企业在接到产品订单或者预测出产品需求后，便可根据产品物料间的结构关系计算出所有需要零部件的数量，这样从最终产品的需求到构成其基本零部件的需求直到最后一个铆钉的需求都非常清楚了。实际上,产品零部件间的关系就是相关需求关系。可以说,任何产品的计划编制都可以应用相关需求模型。

二、MRP 基本思想

20 世纪 60 年代中期,美国 IBM 公司的约瑟夫·奥利佛博士首先提出物料需求计划方案。MRP 是一种基于物料库存计划管理的生产管理系统,其目标是围绕目标产品,在正确的时间、正确的地点、按照规定的数量得到真正需要的物料;然后根据物料提前期、现有库存信息确定订货与生产日期,避免库存积压。

MRP 的主要思想是围绕物料转化来组织制造资源,实现按需要准时生产,主要包括如下几个方面:

(1) 根据客户订单,结合市场、预测、制订各种产品的主生产计划(master production schedule,MPS)。

(2) 在确定产品出产数量和出产时间的基础上,根据产品物料清单(bill of material,BOM),确定产品所有零件和部件的数量。

(3) 按各种零件和部件的生产周期,反工艺顺序推出它们的出产时间和投入时间。

该思想的要点是:按反工艺顺序来确定零部件、毛坯直至原材料的需要数量和需要时间。

第二节 MRP 结 构

MRP 基本原理是,根据主生产计划、产品结构树或者产品物料清单、库存状态等信息由计算机编制出各个时间段物料的生产及采购计划,如图 7-2 所示。

MRP 系统作为一种管理信息系统,需要进行大量的数据输入、存储、处理和输出。

一、MRP 的输入

根据 MRP 的基本处理逻辑,其输入主要有:主生产计划、产品物料清单和库存状态文件。

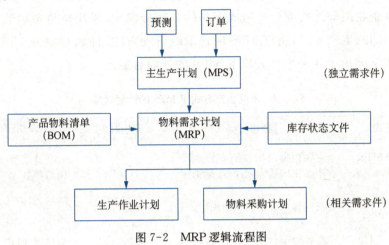

图 7-2 MRP 逻辑流程图

1. 主生产计划

主生产计划（MPS）是 MRP 的主要输入，它是 MRP 运行的驱动力量，说明在可用的资源条件下，企业在一定时间内，生产的产品、产量以及生产时间。主生产计划必须符合综合生产计划。综合生产计划反映整个企业各种产品系列的产出计划（包括产品系列、工时标准、销售额等），财务规划、顾客需求、生产能力、员工数量、库存波动情况、供应商绩效等因素均是综合生产计划制订阶段需要考虑的问题。实际上，主生产计划对综合生产计划进行分解和细化，确定产品系列中具体某种产品的生产计划。表 7-1 展示了某种手机的主生产计划。

表 7-1 产品主生产计划

月份	1月				2月			
综合生产计划	900				860			
周次	1	2	3	4	5	6	7	8
型号一	200			400		200	100	
型号二		100	100		160			
型号三			100			200	200	

主生产计划的计划对象主要是具体化的出厂产品，通常称为最终项目（end item）。一般，不同性质的制造企业组织生产的方式不同，例如家电、日用品生产企业产品系列已基本成形，多采用先入库后销售的备货型生产方式；锅炉、船舶等大型产品制造企业根据用户提出的各种要求协商谈判确定产品性能、质量、数量、交货期

等，通常采用订货型生产方式；产品类型有限，利用模块组合满足客户要求的汽车、办公家具等企业提前外购或生产组成产品的各部分模块，采用按订单组装的生产方式。对应不同的生产方式，制订 MPS 时选取的管理方法、计划对象也会相应的有所区别。表 7-2 列出了 3 种生产方式下 MPS 的计划对象。

表 7-2　不同生产方式下 MPS 的计划对象

生产方式	管理依据	计划对象	举例
备货生产 MTS（make-to-stock）	主要根据市场预测安排生产；产品完成后先入库，逐渐销售	产品	大批量定型产品，如日用消费品
订货生产 MTO（make-to-order）	根据客户订货合同组织生产	关键部件	船舶、锅炉等大型个性化产品
订货组装 ATO（assemble-to-order）	有各种型号的系统产品，根据合同选择组装	通用零件	标准系列产品，有可选项

2. 产品物料清单

产品物料清单(BOM)，是产品结构图的数量表示，表明了产品、子件、零件及原材料之间的结构、数量关系，不仅是编制主生产计划和物料需求计划的主要输入，也是财务部门核算成本的重要依据。图 7-3 为一个电吹风的产品结构图。电吹风由开关装置、壳体、电驱动装置、电热元件四个部件组成，可以说电吹风与四个部件是父子关系，即电吹风是这四种部件的父项，开关装置、壳体、电驱动装置、电热元件则是电吹风的子项；同理，开关装置是开关、电源线的父项，开关、电源线是开关装置的子项，依次类推。根据电吹风产品结构图转化的产品物料清单(如表 7-3 所示)不仅列出了构成一个电吹风的所有组件及相关编号，还反映出产品的结构层次和数量关系。

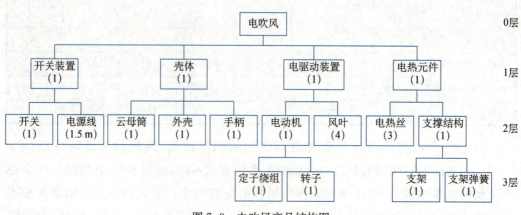

图 7-3　电吹风产品结构图

表 7-3 电吹风的物料清单

产品物料号:2000		产品名称:三屉柜		层次:0
物料号	物料名称	数量	计量单位	层次
20100	开关装置	1	个	1
● 20110	开关	1	个	2
● 20120	电源线	1.5	米	2
20200	壳体	1	个	1
● 20210	云母筒	1	个	2
● 20220	外壳	1	个	2
● 20230	手柄	1	个	2
20300	电驱动装置	1	个	1
● 20310	电动机	1	个	2
●● 20311	定子绕组	1	组	3
●● 20312	转子	1	个	3
● 20320	风叶	4	片	2
20400	电热元件	1	个	1
● 20410	电热丝	3	段	2
● 20420	支撑结构	1	个	2
●● 20421	支架	1	个	3
●● 20422	支撑弹簧	1	个	3

有时将零部件生产或采购的提前期置于产品结构树内,形成带时间坐标的产品结构图。提前期是采购、生产或组装一件零部件所需要的时间。图 7-4 为电吹风的

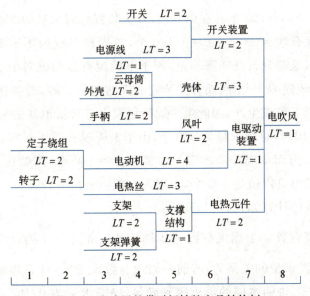

图 7-4 电吹风的带时间轴的产品结构树

带时间轴的产品结构树,可以清楚地反映电吹风的组织结构以及完工时间。

3. 库存状态文件

库存状态文件记录了每一个库存物料的库存现状信息,包括物料名称、提前期、总需要量、预计到货量、现有数、净需求量、计划发出订货量。物料库存随着生产进行不断变动,因此库存状态文件记录动态信息。表 7-4 为电吹风的部件开关装置的库存状态记录。

表 7-4 开关装置库存状态文件

部件抽屉 LT=2	周次										
	1	2	3	4	5	6	7	8	9	10	11
总需求量						300			300		300
预计到货量		400									
现有数	20	420	420	420	420	120	120	120	−180	−180	−480
净需求量									180		300
计划发出订货量							180		300		

物料的总需求量是由其父项的计划发出订货量以及父子间的数量对应关系决定的。在本例中,已知电吹风在第 6 周、第 9 周、第 11 周的总需求量为 300 个,由于一个电吹风包含 1 个开关装置,所以在第 6 周、第 9 周、第 11 周均需要 300 个开关装置。已知第一周开关装置的现有数 20 个,加上第 2 周预计到货量 400 个,第 2 周的现有数=400+20=420 个。第 6 周时,开关装置的总需求量为 300 个,因此第 6 周的现有数=420−300=120 个。在第 9 周,开关装置总需求量为 300 个,上周现有数为 120 个,本周现有数=120−300=−180 个,本周现有数为小于零,说明尚有部分需求得不到满足,这部分就是净需求量,等于本周现有数的绝对值 180 个。所以,在第 9 周需要开关装置 180 个,然而开关装置的提前期是 2 周,若要在第 9 周到货 180 个,需要提前两周下单或生产,因此第 7 周计划发出订货量也就是第 9 周的净需求量 180 个。在第 11 周时,总需求量为 300 个,由于上周现有数小于零,说明没有剩余量来满足本周需求,因而本周净需求量=总需求量=300 个,需要提前 2 周下单或生产,第 9 周计划发出订货量是 300 个,本周现有数=−180−300=−480 个。

其中,现有数的计算如式(7-1)所示:

$$本周现有数 = 上周现有数 + 本周预计到货量 − 本周总需求量 \quad (7-1)$$

现有数与净需求量的关系为:若前一周现有数大于零,计算本周现有数,如果本周现有数不小于零,说明本周的需求得到满足,净需求量为 0;如果本周现有数小于

零,说明本周尚有部分需求量得不到满足,这部分就是净需求量,即本周净需求量=|本周现有数|。若前一周现有数小于零,说明没有剩余的物料来满足本周的需求,本周的净需求量=总需求量。

二、MRP 的输出

MRP 系统可以根据企业性质和管理需要,提供多种不同形式的生产和库存控制报告。这里只列举几种主要的计划和报告。

(1) 零部件投入出产计划。该计划规定了零部件的投入数量、投入时间、出产数量和出产时间。如果某些零部件要经过几个车间加工,则将其投入出产计划分解为"分车间零部件投入出产计划"。分车间零部件投入出产计划规定了每个车间一定时间内零部件的种类、相应的投入数量、投入时间、产出数量及产出时间。

(2) 原材料需求计划。规定产品所需每种原材料的种类、需要数量及需要时间,并按原材料种类、型号、规格汇总,以便供应部门组织供料。

(3) 互转件计划。该计划规定了互转零部件的种类、数量、转出车间、转出时间、转入车间和转入时间。

(4) 库存状态记录。提供各种原材料、外购件、零部件的库存状态数据,包括库存水平、在途库存、订货批量、安全库存等库存状态数据,供随时查询。

(5) 工艺装备机器设备需求计划。提供加工每种零部件不同工序所需的工艺装备和机器设备的编号、种类、数量及需要时间。

(6) 各种辅助报告。发出订货计划、已发出订货调整、生产与库存费用预算报告和各种统计报告等。

第三节　MRP 的处理过程

物料需求计划(MRP)的基本处理过程是利用主生产计划,在产品结构的基础上,根据产品结构各层次物料的从属和数量关系,以每个物料为计划对象,考虑各物料提前期,以完工日期为时间基准倒排编制各种物料的采购或生产计划。

MRP 处理过程的核心是物料需求计划。物料需求涉及总需求量、预计到货量、净需求量、计划产出量等相关信息。MRP 列表计算物料需求的过程时,根据产品结构树显示的物料间的层次与数量关系,自顶向下逐层得到各物料的计划产量和产出时间。MRP 处理的关键是:①找出上层元件(父项)与下层元件(子项)间的联系,父项的计划订货时间是子项的需求时间,且父项计划订货量与子项的总需求量满足产品结构树中的数量关系。②若某一元件在多个层次出现,为了计算方便,将其作为其所在层次中最低层的元件来处理。例如,下例中元件 C 出现在层次 1 和层次 2,说明产品 A 和部件 B 都是元件 C 的父项,逻辑上将 C 作为层次 2 的元件进行计算处理。

例 7-1 已知 A 产品(其结构如图 7-5 所示),第 8 周的总需要量为 10 台,第 11 周为 15 台,成品库存为零。元件 B 现有数为 2,第一周预计到货 10;元件 C 现有数为 6,第二周预计到货 10;A、B 和 C 的提前期分别为 2 周、1 周、2 周。求元件 A、B、C 的计划发出订货量与时间(不考虑安全库存量和批量)。

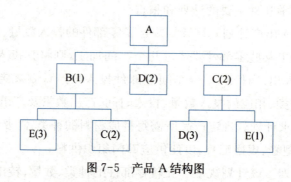

图 7-5 产品 A 结构图

计算过程自顶向下、逐层处理,如表 7-5 所示。

表 7-5 MRP 的处理过程

MRP的处理过程

产品项目		周次										
		1	2	3	4	5	6	7	8	9	10	11
A LT=2 周	总需求量								10			15
	预计到货量											
	现有数 0								−10	−10	−10	−25
	净需求量								10			15
	计划订货量						10			15		
B LT=1 周	总需求量						10			15		
	预计到货量	10										
	现有数 2	12	12	12	12	12	2	2	2	−13	−13	−13
	净需求量									13		
	计划订货量								13			
C LT=2 周	总需求量						20		16	30		
	预计到货量		10									
	现有数 6	6	16	16	16	16	−4	−4	−30	−60	−60	−60
	净需求量						4		26	30		
	计划订货量				4		26	30				

从 0 层开始,已知产品 A 第 8 周、第 11 周的总需求量分别为 10 和 15。产品 A 第 1 周开始现有数是 0,在第 8 周之前既无到货量,也无需求量,因此前七周的现有数和净需求量均是 0。第 8 周,产品 A 的总需求量为 10,根据公式(7-1)本周现有数=上周现有数+本周预计到货量-总需求量,产品 A 本周现有数=0+0-10=-10<0,说明本周需求未得到满足,因此产品 A 本周净需求=本周现有数的绝对值=10,考虑到 2 周提前期,在第 6 周计划订货量 10;第 11 周,产品 A 的总需求量为 15,根据现有数计算公式,产品 A 在 11 周现有数=-10-25=-25<0,由于产品 A 上一周的现有数小于零,本周净需求量=总需求量=15,提前期为 2 周,因此第 9 周计划订货量 25。产品 A 与元件 B 是父子关系,A 计划订货的时间即为 B 的需求时间,又知 1 个产品 A 包含 1 个 B 元件,因此元件 B 在第 6 周、第 9 周的总需求量为 10 和 15。产品 B 第 1 周开始现有数是 2,且预计到货量 10,因此第 1 周现有数=2+10-0=12。第 6 周之前均无需求,保持现有数 12。第 6 周,产品 B 总需求量 10,第 6 周现有数=12-10=2>0,因此净需求量=0;第 9 周总需求量 15,第 9 周现有数=2-15=-13<0,因此净需求量=13,考虑到产品 B 提前期是 1 周,所以第 8 周计划订货量 13。产品 A 与元件 B 都是元件 C 的父项,一个 A 和一个 B 分别直接需要 2 个数量的 C,因此元件 C 在第 6 周、第 8 周、第 9 周总需求量分别为 20、26、30。同理,计算得到元件 C 各周现有数、净需求量和计划订货量,如表 7-5 所示。

相关需求模型明显优于将库存物品看作相互独立的传统订货点法,一旦产品计划确定,根据产品结构图,可以准确、快速地计算所有相关零部件、装配线、生产线的需求与占用情况。结合零部件库存信息,短时间实现供应链信息流、物流、资金流的交换,生产效率极大提高。相关需求模型与传统的订货点法的主要区别如表 7-6 所示。

表 7-6 相关需求模型与订货点法的比较

比较项	相关需求模型	订货点
需求	相关	独立
订货观念	需求	补充
预测	基于主生产计划	基于过去需求
控制思想	控制所有物料	ABC 法
目标	满足制造需要	满足顾客需要
批量大小	离散的	EOQ
需求模式	起伏但可预见的	随机
存贮类型	在制品和原材料	制成品和备用件

第四节 MRP 中批量的确定

利用 MRP 计算得到各种物料的净需求量之后,还必须确定每次生产或者订购的数量,即批量决策。对于内部生产的产品,需要确定的是生产批量;对于外购件,需要确定的是订购批量。确定批量的方法通常都是解决如何平衡与净需求相关的准备或订货成本与存储成本。MRP 系统中确定批量的方法主要有四种:按需确定批量法、经济订购批量法、最小总费用法、最小单位费用法。这里以一个案例说明四种方法的求解过程。

例 7-2 已知某多媒体设备制造企业各周音响的需求及采购活动相关成本如表 7-7 所示,试用上述四种方法确定该产品每周的订货量及相关成本。

表 7-7 某产品需求及采购活动成本表　　　　　　　　　　　　　　（单位:元）

周次	1	2	3	4	5	6	7	8
净需求	50	60	70	60	95	75	60	55
订货或准备成本				47 元				
每周库存保管费用率				0.5%				

一、按需确定批量法

按需确定批量法的特点:订购/生产批量恰好与净需求相匹配;订购/产出量恰好就是每周的需求量,而不会产生库存剩余,因而无存储成本;订购与生产能力限制忽略不计。这种批量的计算方法适用于生产或订购数量和时间基本能给予保证的物料,或者所需要的物料价值较高,不允许过多地生产或保存的物料。

采用按需确定批量法,每周订购/生产一次,每次订货/生产量等于净需求量,因而每周期末无库存剩余,每周库存费用为 0。采用按需确定批量法来确定本例中的订货量的计算过程如表 7-8 所示。每周订购一次,订货量等于净需求量,每周花费订货成本 47 元。最终,按需确定批量法计算得到的总成本为 376 元。

表 7-8 MRP 按需确定批量的过程

周次	净需求量	订货量	期末剩余库存	库存费用/元	订货费用/元	总成本/元
1	50	50	0	0	47	47
2	60	60	0	0	47	94
3	70	70	0	0	47	141
4	60	60	0	0	47	188
5	95	95	0	0	47	235
6	75	75	0	0	47	282
7	60	60	0	0	47	329
8	55	55	0	0	47	376

二、经济订购批量法

MRP 系统中的零件需求是适用于离散时段的，而 EOQ 假设在一个时段里零件被连续使用，且批量固定。所以在应用 EOQ 法确定 MRP 系统的订货量及订货时间时需要将离散问题转化为连续经济订货批量问题。首先，根据各周的总需求确定年需求率 P；然后，利用 EOQ 模型求解经济订货批量 Q；最后，根据 Q 与 MRP 系统中各周需求确定订货时间。由于 MRP 中零件需求是离散的，与 EOQ 中平均库存变化不同，因此按时段末的库存量计算存储成本。EOQ 法一般用于需求、成本和提前期已知，库存能立即补充的情况，即适用于连续需求、库存消耗稳定的场合。

在本例中，首先，将该问题转化为适用于 EOQ 模型的连续问题。

8 周的总需求 $= 50 + 60 + 70 + 60 + 95 + 75 + 60 + 55 = 525$ 单位；

确定年需求量 $D = (525/8) \times 52 = 3\,412.5$ 单位；

单位年库存费用 $C_h = 0.5\% \times 10 \times 52 = 2.6$ 元/单位；

每次订货费用 $C = 47$ 元。

利用 EOQ 模型求解经济订货批量：

$$Q = \sqrt{\frac{2DC}{C_h}} = \sqrt{\frac{2 \times 3\,412.5 \times 47}{2.6}} = 351（单位）$$

采用经济订货批量法确定批量的过程如表 7-9 所示。分别在第 1 周、第 6 周进行订货，批量为 351，存在库存费用。最终，经济订购批量法计算得到的总成本为 171.05 元。

表7-9 MRP 经济订货批量法确定批量的过程

周次	净需求量	订货量	期末剩余库存	库存费用/元	订货费用/元	总成本/元
1	50	351	301	15.05	47	62.05
2	60	0	241	12.05	0	74.10
3	70	0	171	8.55	0	82.65
4	60	0	111	5.55	0	88.20
5	95	0	16	0.8	0	89.00
6	75	351	292	14.6	47	150.60
7	60	0	232	11.6	0	162.20
8	55	0	177	8.85	0	171.05

三、最小总费用法

解说一:最小总费用法是一个动态确定订购批量的方法,其原理是比较不同订货量所对应的存储成本和准备(或订货)成本,从中选择使二者尽可能接近的订购批量。本例最小总费用法求解过程如表7-10所示。

表7-10 MRP 最小总费用法确定批量的过程

累计周次	订货量	库存费用/元	订货费用/元	库存与订货费用差值	总成本/元
1	50	0	47	47	47
1-2	110	3	47	43	50
1-3	180	10	47	37	57
1-4	240	19	47	28	66
1-5	335	38	47	9(最小成本)	85(最小成本)
1-6	410	56.75	47	9.75	103.75
1-7	470	74.75	47	27.75	121.75
1-8	525	94	47	47	141
6	75	0	47	47	47
6-7	135	3	47	44	50
6-8	190	8.5	47	38.5(最小差值)	55.50(最小成本)

从表7-10中可以发现,将第1周到第5周的需求量作为一个订购批量时,库存费用与订购费用差值最小,也就是达到最小成本;将第6周到第8周的需求量作为一个批量订购时,成本最小。最小总费用法得到的结果如表7-11所示。

表 7-11　MRP 最小总费用法确定批量的结果

周次	净需求量	订货量	期末剩余库存	库存费用/元	订货费用/元	总成本/元
1	50	335	285	14.25	47	61.25
2	60	0	225	11.25	0	72.50
3	70	0	155	7.75	0	80.25
4	60	0	95	4.75	0	85.00
5	95	0	0	0	0	85.00
6	75	190	115	5.75	47	137.75
7	60	0	55	2.75	0	140.50
8	55	0	0	0	0	140.50

解说二：最小总费用法是一个动态确定订购批量的方法，其原理是将未来若干期的需求量合并为一批，比较由于合并带来的订货成本的节省量与由此导致的库存费用增加量。如果前者大于后者，说明将这些期的需求量合并为一批采购更节省成本，那么选择合并；否则，合并这些期的需求量统一订购节省的订货成本无法抵消由此带来的库存费用的增加量，并未带来总成本的降低，因此不可合并。称两者相等时的累计库存量(存货数量与存货时间的乘积)为临界库存量 E。当未来若干期合并为一批的累计库存量等于临界库存量时，此时的批量最佳。

设每次订货(或准备)费用为 C，单位产品每周期的库存保管费用为 H，未来各期的净需求量为 Q_i。根据临界库存量的定义，$C = E \cdot H$，有

$$E = C/H \tag{7-2}$$

实际上，当准备费用等于库存费用时，总费用最小，即

$$C = (HQ_2 + 2HQ_3 + \cdots + kHQ_{k+1}) \tag{7-3}$$

其中，k 表示本次合并统一订购的周期数。将式(7-3)带入式(7-2)中，最后，

$$E = C/H = (Q_2 + 2Q_3 + \cdots + kQ_{k+1}) \tag{7-4}$$

本例中，准备费用 $C=47$，单位产品每周期的保管费用 $H=0.5\% \times 10=0.05$，因此临界库存量 $E=C/H=940$。假设累计库存量 $LQ=(Q_2+2Q_3+\cdots+kQ_{k+1})$，当 LQ 达到不大于 E 的最大值时，本次订购批量最优。

本例最小总费用法求解过程如表 7-12 所示。

从表 7-12 可以发现，将第 1 周到第 5 周的需求量作为一个订购批量时，$LQ=760$，累计库存量最接近且不超过临界库存量 940，若将前 6 周的需求量作为一个订购批量，$LQ=1\,135$ 超过临界库存量，说明此时节省的订货成本无法抵消增加的库存费用，反而增加了总成本。因此，将前 5 周的需求量统一订购能够保证本次总成本最

小;将第 6 周到第 8 周的需求量作为一个批量订购时,此次订货总成本最小。最后,总成本＝85＋55.5＝140.5 元

表 7-12 MRP 最小总费用法确定批量的过程

周次	需求量	订货量	k	LQ	库存费用/元	订货费用/元	总成本/元
1	50	50	0	0	0	47	47
2	60	110	1	60	3	47	50
3	70	180	2	200	10	47	57
4	60	240	3	380	19	47	66
5	95	335	4	760	38	47	85
6	75	410	5	1 135＞940	超过临界库存量,放弃合并第 6 周		
6	75	75	0	0	0	47	47
7	60	135	1	60	3	47	50
8	55	190	2	170	8.5	47	55.5

四、最小单位费用法

最小单位总费用法是一个动态批量订购方法。它是将每个试验批量的订货成本和存储成本相加,再除以订购批量的单位总量得到单位成本,选择最小单位成本作为订购批量,本例计算过程如表 7-13 所示。

表 7-13 MRP 最小单位费用法确定批量的过程

累计周次	订货量	库存费用/元	订货费用/元	总成本/元	单位成本/元
1	50	0	47	47	0.940 0
1-2	110	3	47	50	0.454 5
1-3	180	10	47	57	0.316 7
1-4	240	19	47	66	0.275 0
1-5	335	38	47	85	0.253 7
1-6	410	56.75	47	103.75	0.253 0(最小单位成本)
1-7	470	74.75	47	121.75	0.259 0
1-8	525	94	47	141	0.268 6
7	60	0	47	47	0.783 3
7-8	115	2.75	47	49.75	0.432 6

从表 7-13 中可以发现,将第 1 周到第 6 周的需求量作为一个订购批量,达到最

小单位成本;将第7周到第8周的需求量作为一个订购批量相对于第7周、第8周单独订购单位成本更低。最小单位总费用法求解结果如表7-14所示。

表7-14 MRP最小单位费用法确定批量的结果

周次	净需求量	订货量	期末剩余库存	库存费用/元	订货费用/元	总成本/元
1	50	410	360	18.00	47.00	65.00
2	60	0	300	15.00	0.00	80.00
3	70	0	230	11.50	0.00	91.50
4	60	0	170	8.5	0.00	100.00
5	95	0	75	3.75	0.00	103.75
6	75	0	0	0	0.00	103.75
7	60	115	55	2.75	47.00	153.50
8	55	0	0	0	0	153.50

第五节 MRP 的 拓 展

MRP 在制造业的应用为企业带来巨大效益,同时也发现了许多问题与缺陷,借助 IT 的发展 MRP 不断升级。从 MRP 到企业资源计划(enterprise resources planning,ERP),大致经过了 MRP、闭环 MRP、制造资源计划(manufacturing resource planning,MRPII)和 ERP 四个发展阶段,如图7-6所示。

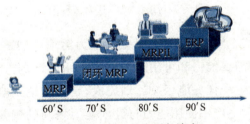

图7-6 MRP 的发展与演变

一、闭环 MRP

20世纪70年代,面对企业资源有限导致的生产能力与生产计划不匹配的问题,人们在 MRP 的基础上,引进能力需求计划(capacity requirements planning,CRP)、车间作业计划(加工)与采购计划,并且在执行过程中不断接收来自车间、供应商和计划人员的反馈信息,并利用反馈信息不断进行计划的平衡调整,形成计划—执行—反馈的反复管理循环,不仅提高了生产管理应变能力,更易于解决生产过程中出现的各种问题。闭环 MRP 是一个结构完整的生产资源计划及执行控制系统,其工作逻辑如图 7-7 所示。

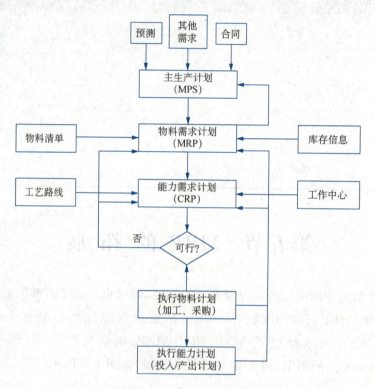

图 7-7 闭环 MRP 逻辑流程图

闭环 MRP 的最大亮点是能力需求计划。能力需求计划是对生产过程所需的生产能力进行核算,协调需要能力和可用能力之间关系的计划方法。是否有足够的生产能力满足生产需求、生产任务能否按计划完成、是否能达到既定的生产指标、如何通过控制手段处理实际生产中使用能力与计划能力之间的偏差等问题,都需要在能力计划中得到解决。

二、制造资源计划

到了 20 世纪 80 年代,为了适应更加激烈的市场竞争,人们将销售、财务、采购、成本、工程技术等生产活动环节与闭环 MRP 结合起来,形成一个供应链信息集成的综合计划系统,即制造资源计划。MRPII 的工作逻辑如图 7-8 所示。

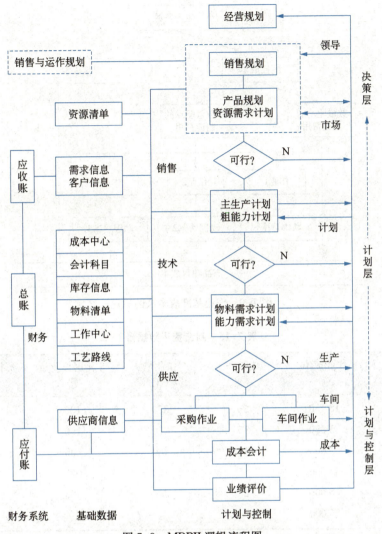

图 7-8 MRPII 逻辑流程图

生产成本管理是 MRPII 的主要新增功能模块之一。MRPII 中的生产成本是以滚动计算法逐层由底向上累计,从而得到最终产品生产成本,用到的各种基础数据有:产品结构图、采购成本、各种小时费率(来自工作中心文件)以及标准时间(来自工艺路线图)等。20 世纪 80 年代末美国库伯(K. Cooper)与卡普兰(R. S. Kaplan)提出作业基准成本法(activity based costing,ABC)。作业基准成本法按照各项作业消耗时间的多少把成本费用分摊到作业,再按照各产品发生的作业多少把成本分摊到产品,使计算的成本更真实地反映产品的经济特征。ABC 方法的原理如图 7-9 所示。

例 7-3 某公司生产两种产品 X 和 Y,产量分别为 800、1 000,在同一车间进行制造,已知 X、Y 两种产品占用的直接人工工时分别为 2.5 和 3,直接材料费用为 25 和 38,人工费工时费率为 10。各作业制造费用核算相关数据如表 7-15 所示。

第七章 物料需求计划

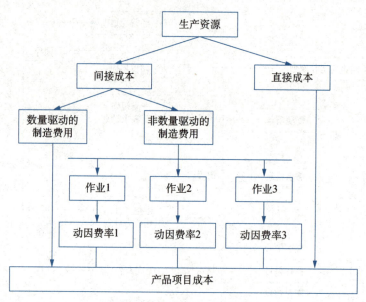

图 7-9 作业基准成本法的原理

表 7-15 制造费用数据表

作业	作业成本 ①	成本率 ②	作业量 ③=①/②	X耗用作业量 ④	Y耗用作业量 ⑤
机器调整	18 150	55	330	130	200
质量检查	5 550	15	370	150	220
订单分检	800	10	80	35	45
机器工时	45 500	5	9 100	4 000	5 100
物料接收	5 000	25	200	85	115
合计	75 000				

解：首先，核算各产品在各作业的制造费用，如表 7-16 所示。

$$各产品作业制造费用 = 作业成本率 \times 相应产品耗用作业量 \quad (7-5)$$

表 7-16 产品制造费用核算表

作业	X分配作业成本	Y分配作业成本
机器调整	55×130=7 150	55×200=11 000
质量检查	15×150=2 250	15×220=3 300
订单分检	10×35=350	10×45=450
机器工时	5×4 000=20 000	5×5 100=25 500
物料接收	25×85=2 125	25×115=2 875
合计制造费用	31 875	43 125

然后,计算 X 和 Y 产品的实际成本,如表 7-17 所示。

表 7-17　ABC 法成本核算

核算	X	Y	说明
制造费用①	31 875	43 125	合计 75 000
制造费用占%②	31 875/75 000＝42.5%	43 125/75 000＝57.5%	①/75 000
产量③	800	1 000	
单位制造费用④	31 875/800＝39.843 75	43 125/1 000＝43.125	①/③
直接人工费用⑤	2.5×10＝25	3×10＝30	直接人工工时×人工费工时率
直接材料费用⑥	25	38	
单位成本⑦	89.843 75	111.125	④＋⑤＋⑥
总成本⑧	71 875	111 125	⑦×③

三、企业资源计划

20 世纪 90 年代,MRPII 面向企业内部资源管理的思想逐步发展为如何有效利用供应链上的整体资源。ERP 在传统 MRPII 的制造、财务、销售功能基础上,增加了一些功能子系统。这些子系统的紧密联系以及配合与平衡,提供包括订单、采购、库存、计划、生产制造、质量控制、运输、分销、服务与维护、财务管理、人事管理、实验室管理、项目管理、配方管理等。ERP 的功能模块如图 7-10 所示。

企业若要安装实施 ERP 系统,需充分对公司业务、岗位、流程进行细致分析,针对主营业务情况、各部门信息化需求、市场 ERP 特点及费用情况决策选择合适的 ERP 软件。

ERP 核心管理思想是供应链管理,将供应商、客户、销售代理、协作单位等共同纳入生产系统,从企业全局角度管理一切企业资源,包括人工、物料、设备、能源、市场、资金、技术、空间、时间等。ERP 采用集成化的企业管理软件系统,特点如下:

(1) 从以产品为核心的经营管理模式,改变为以用户为核心的经营管理模式。

(2) ERP 超越了 MRP II 的范围和集成功能,把客户需求和企业内部的制造活动,与供应商的制造资源集成在一起,形成一个完整的企业供应链,并对其上的所有环节进行有效管理。

(3) 支持精益生产和敏捷制造等多种制造方式。ERP 支持混合型生产方式的管理,管理思想主要体现在两方面:精益生产和敏捷制造。

(4) 事先计划与事中控制。ERP 系统将主生产计划、物流需求计划、能力计划、

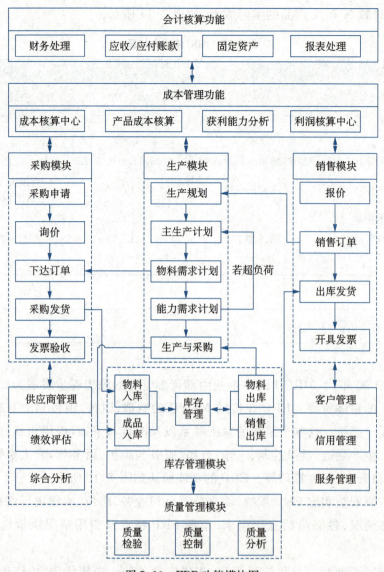

图 7-10 ERP 功能模块图

采购计划、销售计划、财务计划以及人力资源计划等集成到整个供应链系统中。同时,在计划执行过程中动态监控,提高业务绩效。

(5) 支持多公司、多地点的企业管理模式。ERP 系统采用客户/服务器(C/S)体系结构和分布式数据处理技术,支持 Internet/Intranet/Extranet、电子商务、电子数据交换,可以支持多国家、多工厂、多语种、多币制的应用需求。

本章小结

1. MRP 的基本思想是:围绕物料转化组织制造资源,在正确的时间、正确的地点、按照规定的数量得到真正需要的物料,实现按需要准时生产。MRP 基本结构即是根据主生产计划、产品结构文件(BOM)、库存状态等输入信息,由计算机编制出各个时间段物料采购计划和生产作业计划。

2. 物料需求计划(MRP)的基本处理过程是利用主生产计划,在产品结构的基础上,根据产品结构各层次物料的从属和数量关系,以每个物料为计划对象,考虑各物料提前期,以完工日期为时间基准倒排编制各种物料的采购计划和生产计划。

3. 利用 MRP 计算得到各种物料的净需求量之后,还必须确定每次生产或者订购的数量进行批量决策。确定批量的大小,对生产批量而言,需要平衡生产准备成本与存储成本;对采购批量而言,需要平衡订货成本与存储成本。MRP 系统中确定批量的方法主要有:按需确定批量法、经济订购批量法。

4. MRP 是开环系统,假定生产系统的能力是无穷大的。闭环 MRP 则考虑能力需求。MRPII 突出的功能是实现了成本核算,使生产计划和财务计划联系到一起。ERP 核心管理思想是供应链管理,是一个将供应商、客户、销售代理、协作单位等共同纳入生产系统的一种管理理念。

习题

1. MRP 的基本思想是什么?
2. MRP 系统有哪些输入和输出?MRP 系统是如何处理的?
3. 请描述 MRP、闭环 MRP、MRPII 和 ERP 之间的关系。
4. 布朗电器公司生产一种数字式的光碟播放机(DVD)。每一种播放机有一定量的共同组件,但也存在一定的不同组分。物料清单列出了每种必须物料、提前期和目前库存量。(括号中的数字表示每单位父级所需子级的量)。布朗电器公司做了一个主生产计划的预测,生产精确地满足计划。主生产计划地一部分显示,在第十周需要 A 型产品 700 个单位,B 型产品 1 200 个单位。要求:利用以下设计好的 MRP 计划表格,制订一个满足需求的 MRP 计划。

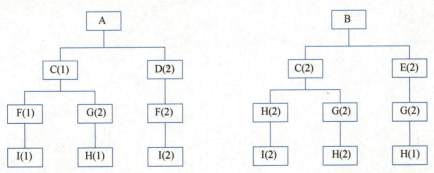

物　料	当前库存量	提前期(周)
A 型 DVD	30	1
B 型 DVD	50	2
子装配件 C	75	1
子装配件 D	80	2
子装配件 E	100	1
零件 F	150	1
零件 G	40	1
零件 H	200	2
零件 I	300	2

第八章 生产能力管理

学习目标

1. 了解 CRP 与 RCCP 的基本概念及关系；
2. 重点掌握 CRP 的编制过程；
3. 弄清 CRP 的优缺点。

基本概念

生产能力　粗能力计划　细能力需求计划

第一节　生产能力概述

一、生产能力的定义

企业的生产能力是指企业的固定资产在一定时期内（年、季、月等），在合理、正常的技术组织条件下，经过综合平衡后所能生产的一定种类产品的数量。

与生产计划分层次一样，生产能力也分层次。不同层次的生产能力，其内容有较大差异。下面介绍 MRP 系统的计划层次和内容（表 8-1）。

二、MRP 系统的计划层次和内容

1. 第 1 层次——生产战略

企业的计划是根据企业的发展战略而制订的。企业高层根据市场调查和需求

表 8-1　MRP 系统的计划层次和内容

	层次	计划期	主要任务	计划名称	输入信息	时间单位/工具	编制部门
长期计划	第1层次:5年计划或企业规划	3～7年(一般为5年)	● 新产品研究和开发 ● 新厂投资,厂址选择 ● 企业发展规模(产品品种、产值、利润) ● 企业主要技术经济指标(利润、生产率、技术水平等)	● 市场预测 ● 技术发展 ● 国家五年发展规划 ● 行业分析报告	● 企业资源,包括资源能源、面积、市场渠道、关键材料等	● 年 ● 元 ● 每年复核一次,滚动式计划	企业最高领导(会同市场、营销、生产、财务、人力资源管理等部门)
中期计划	第2层次:销售与运作计划(S&OP)或综合计划	1～3年计划	● 确定企业在计划期内产品大类,产品系列的总产量 ● 质量,成本和外包成本 ● 自制或外包决策 ● 平衡月产量 ● 控制库存存量或拖欠量	● 经营规划 ● 订单销售预测 ● 生产成本和外包成本 ● 生产率 ● 库存费用 ● 员工费用(正常工资、加班工资)	● 机器产能 ● 工时 ● 生产率(单位时间内完成的产品数量) ● 关键生产材料	● 月 ● 吨、台 ● 试销法,以及线性规划模型,并用Excel或LINGO软件求解	企业最高管理层(会同市场、营销、财务、生产、人力资源等管理部门)
	第3层次:主生产计划(MPS)	3～18周	● 详细规定每周生产产品的品种、数量	● 销售与运作计划(S&OP)	● 粗能力计划(RCCP)关键的工作中心能力,充足则落实MPS	● 近期:周、日 ● 远期:月、季 ● 台或件 ● ERP软件	主生产计划员
短期计划	第4层次:物料需求计划(MRP)	3～18周	● 按产品结构分解成部件,明确自制件和外协购件 ● 制定相关物料需求计划 ● 确定订单优先级	● 主生产计划MPS ● 产品物料清单(BOM) ● 工艺路线 ● 提前期 ● 库存状态文件	● 细能力计划(CRP)(工作中心) ● 采取外协分包,加班,改变工艺路线等	● 周、日 ● 件(或重量,长度单位) ● ERP软件	主生产计划员;分管产品的计划员。
	第5层次:生产作业控制(PAC)	1周	● 生产作业计划的制订与执行 ● 按工序优先级进行生产调度 ● 下达派工单,投入/产出控制 ● 生产作业统计以及核算	● MRP ● 细能力需求计划(CRP)	● 投入/产出控制	● 1周 ● 日 ● ERP软件	车间计划调度员

分析,以及国家政策、同行业竞争对手情况、企业资源能力等有关信息,制订未来 5 年的发展规划。内容包括:本企业生产产品的品种及数量、市场定位、预期的市场占有率、未来 5 年每年产品的年销售额、年利润额、生产率生产能力规划、人力资源开发策略、企业文化建设等。

2. 第 2 层次——销售与运作计划

销售与运作计划(sales and operation planning,S&OP)是根据企业发展战略的目标,确定企业的每一类产品在未来的 1—3 年内,每年每月生产多少,以及需要哪些资源等。S&OP 将经营规划中用货币表达的目标转换成用产品系列的产量来表达。

3. 第 3 层次——主生产计划

主生产计划(MPS)根据销售与运作计划,制订综合计划,综合计划分解即得到主生产计划——对每一具体产品的生产数量和生产日期的安排。

4. 第 4 层次——物料需求计划

物料需求计划(MRP)即是指根据主生产计划对最终产品的需求数量和交货期,以及产品物料清单(BOM),以完工时期为时间基准,反工艺顺序推出自制零部件的投产日期、投产数量,以及采购件的采购订单下达日期、订购数量。同时进行需求资源和可用能力之间的进一步平衡。

5. 第 5 层次——车间作业控制

车间作业控制(production activity control,PAC)是计划的最底层,它根据 MRP 生产的零部件生产计划,编制工序排产计划。

第二节 粗能力计划

粗能力计划对生产中所需的关键资源进行计算和分析,分为两步:第一步,建立资源清单,说明每种产品的数量及每月占用关键工作中心的负荷小时数;第二步,对超负荷的关键工作中心确定其负荷出现的时段。

例 8-1 已知产品 A 的产品结构图如图 8-1,主生产计划如表 8-2,工艺路线文件如表 8-3,零件 D、G、H、I 为外购件(不需要内部生产能力),试计算产品 A 的粗能力需求计划。(本例来源:程控,革扬. MRPII/ERP 原理与应用(第二版). 清华大学出版社,2006,3)

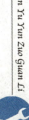

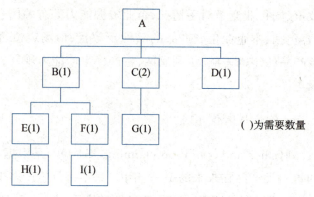

图 8-1 产品 A 的产品结构图

( )为需要数量

表 8-2 产品 A 的主生产计划表

周次	1	2	3	4	5	6	7	8	9	10
主生产计划	25	25	20	20	20	20	30	30	30	25

表 8-3 产品 A 的工艺路线文件

零件号	制造提前期	工序号	工作中心	单件加工时间①	生产准备时间②	平均批量③	单件准备时间④＝②/③	单件总时间⑤＝①+④
A(1)	4	10	30	0.09	0.40	20	0.020 0	0.110 0
B(1)	1	10	25	0.06	0.28	40	0.007 0	0.067 0
C(2)	1	10	15	0.14	1.60	80	0.020 0	0.160 0
	1	20	20	0.07	1.10	80	0.013 8	0.083 8
E(1)	1	10	10	0.11	0.85	100	0.008 5	0.118 5
	1	20	15	0.26	0.296	100	0.009 6	0.269 6
F(1)	1	10	10	0.11	0.85	80	0.010 6	0.120 6

解：

1. 用资源清单法编制粗能力计划

根据 BOM 和工艺路线文件得到能力清单，具体计算步骤如下：

(1) 计算出每个工作中心(WC)上全部项目的单件总加工时间，其公式为：

$$单件总加工时间 = 加工件数 \times 单件加工时间 \quad (8-1)$$

WC-10 中，有 1 件 E 和 1 件 F，工作中心 10 的单件加工时间：

$$1 \times 0.11 + 1 \times 0.11 = 0.22(定额工时/件)$$

WC-15 中，有 2 件 C 和 1 件 E，工作中心 15 的单件加工时间：

$$2 \times 0.14 + 1 \times 0.26 = 0.54(定额工时/件)$$

其他工作中心的单件加工时间为：

$$WC\text{-}20 \quad 2\times 0.07=0.14(定额工时/件)$$
$$WC\text{-}25 \quad 1\times 0.06=0.06(定额工时/件)$$
$$WC\text{-}30 \quad 1\times 0.09=0.09(定额工时/件)$$

（2）计算出每个工作中心上全部项目的单件总生产准备时间，其公式为：

$$单件总生产准备时间＝加工件数\times 单件生产准备时间 \qquad (8\text{-}2)$$

$$WC\text{-}10 \quad 1\times 0.008\,5+1\times 0.010\,6=0.019\,1(定额工时)$$
$$WC\text{-}15 \quad 2\times 0.02+1\times 0.009\,6=0.049\,6(定额工时)$$
$$WC\text{-}20 \quad 2\times 0.013\,8=0.027\,6(定额工时)$$
$$WC\text{-}25 \quad 1\times 0.007\,0=0.007\,0(定额工时)$$
$$WC\text{-}30 \quad 1\times 0.020\,0=0.020\,0(定额工时)$$

（3）计算出每个工作中心的单件总时间，其公式为：

$$单件总时间＝单件总加工时间＋单件总准备时间 \qquad (8\text{-}3)$$

这样就得到单件产品 A 对所有工作中心所需求的产品 A 的能力清单（用定额工时数表示），见表 8-4。

表 8-4　产品 A 的能力清单

工作中心	单件加工时间①	单件生产准备时间②	单件总时间③＝①＋②
10	0.22	0.019 1	0.239 1
15	0.54	0.049 6	0.589 6
20	0.14	0.027 6	0.167 6
25	0.06	0.007 0	0.067 0
30	0.09	0.020 0	0.110 0
合计	1.05	0.123 3	1.173 3

（4）最后，根据产品 A 的能力清单和主生产计划，计算出产品 A 的粗能力计划。

$$每个周期的计划产量\times 各工作中心的单件总时间＝各工作中心的总定额工时 \qquad (8\text{-}4)$$

如，第七周各个工作中心总定额公式计算如下：

$$WC\text{-}10 \quad 30\times 0.239\,1=7.17(定额工时)$$
$$WC\text{-}15 \quad 30\times 0.589\,6=17.69(定额工时)$$

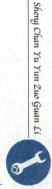

WC-20　30×0.167 6＝5.03(定额工时)

WC-25　30×0.067 0＝2.01(定额工时)

WC-30　30×0.110 0＝3.30(定额工时)

具体计算结果见表 8-5 所示。

表 8-5　产品 A 的能力计划

工作中心	周次										总计
	1	2	3	4	5	6	7	8	9	10	
10							7.17				
15							17.69				
20							5.03				
25							2.01				
30							3.3				
合计							35.2				
总计											287.46

优点：仅对关键资源(瓶颈环节)建立和使用资源清单，因此能力计划的编制简单，维护方便，可对不同主生产计划重复使用。

缺点：①没有考虑制造提前期；②没有考虑在制品或成品的库存，所以对负荷的估计偏高。

2. 分时间周期的资源清单法

资源清单法编制粗能力计划不考虑提前期，为克服这一缺点，提出来采用分时间周期的资源清单法。两者区别在于按时间周期分配对资源能力的需求。该方法编制要点为：

① 画出代表产品的工序网络图；

② 计算该产品的分时间周期的能力清单；

③ 根据主生产计划和每个代表产品的能力清单，求出分阶段的能力计划。

编制过程如下：

(1) 建立分时间周期的资源清单。根据产品 A 的产品结构图(图 8-1)、工艺路线文件(表 8-3)和工序网络图(图 8-2)，可以确定出它的分时间周期的资源清单，如表 8-6 所示。

例如，对于零件 C，根据图 8-1 产品结构，零件 C 的用量数为 2，根据工艺路线文件(表 8-3)，零件 C 的加工需要两道工序。

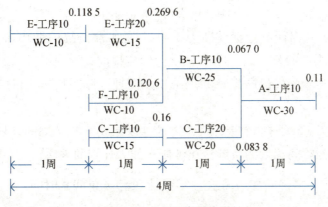

图 8-2 A 的工序网络图

表 8-6 产品 A 的分时间周期资源清单（RT—加工时间，ST—准备时间）

工作中心	对某一主生产计划数量的相对周期			
	−3	−2	−1	0
30				项目 A，工序 10 $RT=1\times0.09=0.09$ $ST=1\times0.02=0.02$
25			项目 B，工序 10 $RT=1\times0.06=0.06$ $ST=1\times0.007=0.007$	
20			项目 C，工序 20 $RT=2\times0.07=0.14$ $ST=2\times0.0138=0.0276$	
15		项目 C，工序 10 $RT=2\times0.14=0.28$ $ST=2\times0.02=0.04$		
		项目 E，工序 20 $RT=1\times0.26=0.26$ $ST=1\times0.0096=0.0096$		
10	项目 E，工序 10 $RT=1\times0.11=0.11$ $ST=1\times0.085=0.085$	项目 F，工序 10 $RT=1\times0.11=0.11$ $ST=1\times0.0106=0.0106$		

第一道工序，工序号 10，在工作中心 15 加工，单件加工时间为 0.14 定额工时，单件准备时间为 0.02 定额工时，则加工时间 $RT=2\times0.14=0.28$ 定额工时；

生产准备时间 $ST=2\times0.02=0.04$ 定额工时。

第二道工序，工序号 20，在工作中心 20 加工，单件加工时间为 0.07 定额工时，单件准备时间为 0.013 8 定额工时，则加工时间 $RT=2\times0.07=0.14$ 定额工时；

生产准备时间 $ST=2\times0.013\,8=0.027\,6$ 定额工时。

已知产品 A 的累计计划提前期为 4 周,每道工序的提前期均为 1 周,见图 8-2 所示。因此,零件 C 的第一道工序(工序号 10)应提前 3 周开工,第二道工序 20 应提前 2 周开工,这样才能确保产品 A 按时完工。同理计算出其他项目的加工时间和生产准备时间。

(2) 计算主生产计划单个量的资源需求。以完成 A 第 7 周的计划量所需要的能力为例,说明用分时间周期的资源清单编制粗能力计划的方法。

$$零件的能力需求 = 零件计划量 \times 单间总时间 \tag{8-5}$$

① 在主生产计划的第 7 周,产品 A 的计划量为 30,相应的工作中心 30 的能力需求为:

对零件 A:$30\times0.11=3.30$

② 在第 6 周,有零件 B 和 C,分别在工作中心 25 和工作中心 20 加工,能力需求分别为:

对零件 B:$30\times0.067\,0=2.01$

对零件 C:$30\times2\times0.083\,8=5.028$

③ 在第 5 周,有零件 E、C 和 F,其中零件 E 和零件 C 在工作中心 15 加工,零件 F 在工作中心 10 加工,能力需求分别为:

对零件 E:$30\times0.269\,6=8.088$

对零件 C:$30\times2\times0.160\,0=9.6$

则工作中心 15 的负荷能力为:$8.088+9.6=17.688$

对零件 F:$30\times0.120\,6=3.618$,即为工作中心 10 的能力需求

④ 在第 4 周,零件 E 和在工作中心 10 加工,能力需求为:

对零件 E:$30\times0.118\,5=3.555$

至此,第 7 周主生产计划引发的能力需求计划的计算过程结束,其结果见表 8-7。

表 8-7 产品 A 第 7 周计划量产生的能力计划

工作中心	周次							
	1	2	3	4	5	6	7	8
30							3.30	
25						2.01		
20						5.028		
15					17.688			
10				3.555	3.618			
合计				3.555	21.306	7.038	3.30	

从表 8-7 可以看出,对于产品 A 第 7 周的主生产计划需求量,要计算第 7、6、5、4 周的有关工作中心的负荷能力。这是用分时间周期的资源清单和用资源清单编制粗能力计划的主要差别。

(3) 计算全部主生产计划量的能力需求计划。同理,计算其他周期计划量所引发的能力需求,并将它们分时段累加,就得到用分时间周期资源清单而产生的能力计划,见表 8-8。

表 8-8 用分时间周期资源清单产生的能力计划

工作中心	拖期	周次									
		1	2	3	4	5	6	7	8	9	10
30	0	2.75	2.75	2.20	2.20	2.20	2.20	3.30	3.30	3.30	2.75
25		1.68	1.68	1.34	1.34	1.34	1.34	2.01	2.01	2.01	1.68
20		4.19	4.19	3.35	3.35	3.35	3.35	5.03	5.03	5.03	4.19
15	29.48	11.79	11.79	11.79	11.79	17.69	17.69	17.69	14.74		
10	14.33	4.78	4.78	4.78	5.97	7.17	7.17	5.58	3.02		
合计	49.68	25.19	24.01	23.46	24.65	31.75	34.10	34.61	28.10	9.17	2.75
									总计	287.4	

第三节 细能力计划

细能力计划,又称能力需求计划(capacity requirements planning,CRP),是把物料需求转化为能力需求,把 MRP 的计划生产订单和已下达生产订单所需的能力,转换为每个工件工作中心在各个时段的负荷的过程。

MRPII 系统中,主生产计划阶段和物料需求计划阶段都要求进行能力平衡,编制能力平衡计划。实际上,MRP/CRP 的运算是建立在 MPS/RCCP 的基础上的,CRP 是 RCCP 的深化。

一、CRP 制订的依据

CRP 将计划和下达的制造订单排产,并采用"无限负荷"的原则,将能力加到各个工作中心。为了用 CRP 生成能力需求计划,需要的信息如下:

(1) 主生产计划。

(2) MRP 文件，包括：

① 产品结构树；

② 库存状态文件；

③ 下达订单文件；

④ 批量计算过程；

⑤ 计划生产制造提前期。

(3) 工艺路线文件。

(4) 工作中心文件，包括：

① 车间日历；

② 物料在各个工作中心的平均排队时间；

③ 物料在各个工作中心的运输时间。

二、CRP 编制实例

例，产品 A 的产品结构(图 8-1)，主生产计划(表 8-2)，工艺路线文件(表 8-3)，工作中心文件(表 8-9)，零件 D、G、H、I 为外购件，下面详细说明 A 的能力需求计划的编制过程。(本例来源：程控，革扬. MRPII/ERP 原理与应用(第二版). 清华大学出版社，2006，3)

表 8-9　工作中心文件

工作中心	工序间隔时间(天)	
	排队时间	运输时间
30	2	1
25	2	1
20	1	1
15	1	1
10	1	1
库房	—	1

第一步：分解产品物料需求。

利用 MRP 方法，计算产品 A 的物料需求计划。计算结果如表 8-10 所示。产品 A 的主生产计划的数值就是下一级零件 B 和 C 的总需求量。从图 8-1 可知，一个产品 A 需要 1 个零件 B，2 个零件 C。因此，在相应的周期，零件 B 的总需求量和产品 A 的计划用量相同，而零件 C 的总需求量则是 2 倍的主计划用量。

表 8-10　产品 A 的 MRP 输出

产品项目		周次									
		1	2	3	4	5	6	7	8	9	10
A	主计划	25	25	20	20	20	20	30	30	30	25
B $LT=1$ 周 订货政策： 2 周净需求量	总需求量	25	25	20	20	20	20	30	30	30	25
	预计到货量	38									
	预计可用库存 14	27	2	20		20		30		25	
	净需求量			18	20	20	20	30	30	30	25
	计划投入量		38		40		60		55		
E $LT=2$ 周 订货政策： 3 周净需求量	总需求量		38		40		60		55		
	预计到货量		76								
	预计可用库存 5	5	43	43	3	3					
	净需求量						57		55		
	计划投入量				112						
F $LT=1$ 周 订货政策： 固定批量 80	总需求量		38		40		60		55		
	预计到货量										
	预计可用库存 22	22	64	64	24	24	44	44	69	69	69
	净需求量		16		40		60		55		
	计划投入量	80			80		80				
C $LT=2$ 周 订货政策： 2 周净需求量	总需求量	50	50	40	40	40	40	60	60	60	50
	预计到货量	72									
	预计可用库存 33	55	5	40		40		60		50	
	净需求量			35	40	40	40	60	60	60	50
	计划投入量	75		80		120		110			

对于零件 B：

现有库存量为 14 件，

第 1 周，总需求量 25 件，预计到货量 38 件，预计可用库存 = 38 + 14 - 25 = 27 件，这 27 件库存量能够满足第 2 周 B 的 25 件需求量，所以没有计划订单；

第 2 周，总需求 25 件，可用库存量 = 27 - 25 = 2 件；

第 3 周，总需求量 20 件，可用库存量 2 件，净需求量 = 18 件。由于零件 B 的提前期为 1 周，为了满足 18 件净需求，应在第 2 周下达订单。又由于第 4 周的净需求量为 20 件，零件 B 的订货批量为 2 周净需求量，所以在第 2 周需要下达订单，订货量 =

20+18=38 件(计划投入量)。

同理,第 4 周下达的计划订单 40 件是为满足第 5、6 周两周的净需求量之和;第 6 周下达的计划订单 60 件是为了满足第 7、8 两周的净需求之和;第 8 周下达的订单 55 件是为了满足第 9、10 两周的净需求之和。

零件 E、F 为零件 B 的下一级,因此在相应周期,零件 B 的计划订单就是零件 E 和 F 的总需要量。

对于零件 E:由于现有库存量为 5 件和第 2 周的 76 件计划接受量,所以在第 5 周均没有净需求量。第 6 周的净需求量=60-3=57 件,因此第 6、7 和 8 周这 3 周的净需求量=57+55=112 件。由于零件 E 的提前期为 2 周,在第 4 周下达订单,订5 的量为 112 件。

对于 F:现有库存量 27 件,第 2 周的总需要量为 38 件,因此第 2 周净需要量=38-22=16 件,相应的第 4 周、第 6 周、第 8 周的净需要量分别为 40、60 和 55 件。零件 F 的订货政策为固定批量 80 件,订货提前期为 1 周,在有净需求周期的前一周,下达的计划订单 80 件,一方面满足净需求;另一方面多余的库存起来。如第 5 周下达的 80 件订单,除满足第 6 周 60 件净需求量之后,还多余 20 件,再加上上一周的库存量 24 件,因此第 6 周库存量=(80-60)+24=44 件。

零件 C 的需求计算过程同 B。

第二步:编制工作中心能力需求。

1. 计算每个工作中心每道工序的负荷

$$工作中心负荷=件数×单件加工时间+准备时间 \qquad (8-6)$$

对于工作中心 30:根据表 8-3 工艺路线文件可知,产品 A 在工作中心 30 加工,单件加工时间和生产准备时间分别是 0.09 定额工时和 0.40 定额工时。因此对于主生产计划的每一批计划量负荷分别为:

25×0.09+0.40=2.65(定额工时)
20×0.09+0.40=2.20(定额工时)
30×0.09+0.40=3.10(定额工时)

对于工作中心 25:仅加工零件 B,从表 8-10 可知,零件 B 的计划投入量分别为 38、40、60、55,单件加工时间和生产准备时间分别是 0.06 定额工时和 0.28 定额工时。因此,零件 B 的各计划订单下达量负荷分别为:

38×0.06+0.28=2.56(定额工时)
40×0.06+0.28=2.68(定额工时)
60×0.06+0.28=3.88(定额工时)

55×0.06+0.28=3.58(定额工时)

对于工作中心 20：零件 C 最后一道工序 20 的单件加工时间和生产准备时间分别是 0.07 定额工时和 1.10 定额工时。零件 C 的各计划订单下达量负荷分别为：

75×0.07+1.10=6.35(定额工时)

80×0.07+1.10=6.70(定额工时)

120×0.07+1.10=9.50(定额工时)

110×0.07+1.10=8.80(定额工时)

对于工作中心 15：加工零件 C 第 1 道工序和零件 E 最后一道工序。零件 C 第 1 道工序 10 和零件 E 最后一道工序 20 的单件加工时间和生产准备时间分别是 0.14 和 1.6 定额工时、0.26 和 0.96 定额工时，零件 C 的各计划订单下达量负荷分别为：

75×0.14+1.60=12.1(定额工时)

80×0.14+1.60=12.8(定额工时)

120×0.14+1.60=18.40(定额工时)

110×0.14+1.60=17.0(定额工时)

零件 E 的计划订单下达量负荷为：

112×0.26+0.96=30.08(定额工时)

对于工作中心 10：加工零件 E 第 1 道工序和零件 F。零件 E 第 1 道工序 10 和零件 F 的单件加工时间和生产准备时间都是 0.11 和 0.85 定额工时，零件 E 的计划订单下达量负荷为：

112×0.11+0.85=13.17(定额工时)

零件 F 的计划订单下达量负荷为：

80×0.11+0.85=9.65(定额工时)

2. 工作中心可用能力

工作中心可用能力计算如下：

工作中心每天的可用能力 = 每天工时×操作人数×效率×利用率　　(8-7)

假设每周工作 5 天,每天工作 8 小时,每个工作中心有一个操作工,所有工作中心利用率和效率都定为 95%,则各工作中心每天工作能力为：

8×1×0.95×0.95=7.22(定额工时)

一周最大的可用能力为：7.22×5=36.10(定额工时)

3. 计算每个工作中心对各负荷的加工天数

由于车间日历和制序排产法中一般以"天"为单位表示日期，所以各工作中心每

道工序负荷的定额工时应该转换成天来表示,不满一天的按一天算,其他四舍五入计算天数,具体计算如下:

$$加工天数 = \frac{各工作中心每道工序的负荷}{7.22 \times (各工作中心每天可用能力)} \qquad (8\text{-}8)$$

计算结果如表 8-11 所示。

表 8-11 产品 A 制造信息

物料	工作中心	可用能力	计划投入量(件)	能力负荷	生产时间(天)
A	30	7.22	25	2.65	1
			20	2.20	1
			30	3.10	1
B	25	7.22	38	2.56	1
			40	2.68	1
			60	3.88	1
			55	3.58	1
C	20	7.22	75	6.35	1
			80	6.70	1
			120	9.50	1
			110	8.80	1
C	15	7.22	75	12.1	2
			80	12.8	2
			120	18.4	3
			110	17.0	2
E	15	7.22	112	30.38	4
	10	7.22	112	13.17	2
F	10	7.22	80	9.65	1

4. 计算每道工序的开工日期和完工日期

以 MRP 确定的订单完成日期为起点,应用倒序排产法,考虑工序间隔时间,倒序找出各工序的开工日期。

工序间隔时间指工件从一个工作中心加工完毕后转移到下一个工作中心开始准备的时间间隔,包括工件在每一道工序完工后的等待运输时间、搬运时间以及工件搬运到下一道工序后等待加工时间(排队时间),如图 8-3 所示。表 8-9 所示的工作中心文件给出了各工作中心的运输时间和排队时间。

图 8-3　工序及工序间隔时间

下面以零件 C 为例,说明如何应用倒序排产法,制订能力需求计划 RCCP。该方法从完工日期,又是交货日期开始,倒序往前减去工件的移动、加工、准备和排队所需的天数,最终得到从事第 1 道工序工作中心的开工日期。

零件 C:

第 1 个计划订单 75 件工序安排。

第 1 周计划投入量为 75,这是为了满足第 3 周开始后的二周净需要量。75 件 C 的计划订单应在第 2 周的星期五下午完成。

根据图 8-2 的工序网络图,C 需要先在 WC-15 加工 22 天,完成第 1 道工序(工序 10),然后排队等待运输(1 天),运输 1 天后到达 WC-20 加工,再给 1 天生产时间完成第 2 道工序(工序 20),这道工序完成后,还要 1 天运输时间,才能保证满足第 3 周开始对 C 的需求量。

反序推出工序 10 和 20 的加工开始时间和加工结束时间,分别为第 1 周周五早上、第 2 周的周一下班,第 2 周的周四早、晚,见图 8-4 所示。

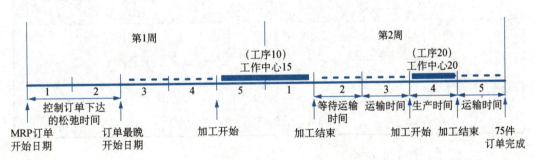

图 8-4　第 1 个计划量 75 工序安排

从图 8-4 可看出,MRP 系统所确定的订单开始日期为第一周的周二早上,而 CRP 计算出的订单开始日期为第一周的周三早上,比 MRP 系统确定的订单开始日期晚两天。事实上,MRP 所计算的订单开工日期是最早开工日期,CRP 计算出的订单开始日期是最晚开工日期,这个差值可以看成是控制订单下达的松弛时间。

应用同样的方法可以得到其他计划量的工序安排。最后,得到产品 A 与各物料的整体能力需求计划表,如表 8-12 所示。

表 8-12 能力需求计划

物料	工作中心	周次									
		1	2	3	4	5	6	7	8	9	10
A	30	2.65	2.65	2.20	2.20	2.20	2.20	3.10	3.10	3.10	2.65
B	25	0	2.56	0	2.68	0	3.88	0	3.58	0	0
C	20	0	6.35	0	6.70	0	9.50	0	8.80	0	0
	15	12.1	0	12.8	0	18.4	0	17.0	0	0	0
E	15	20.72	0	0	15.78	30.08	0	0	0	0	0
	10	0	0	0	13.17	0	0	0	0	0	0
F	10	9.65	0	0	0	9.65	0	9.65	0	0	0

5. 按时间周期计算出每个工作中心的负荷

表 8-13 列出各物料加工对各工作中心的能力需求,比较方便计算得到每个工作中心的负荷。

表 8-13 工作中心负荷表

工作中心	周次									
	1	2	3	4	5	6	7	8	9	10
30	2.65	2.65	2.20	2.20	2.20	2.20	3.10	3.10	3.10	2.65
25	0	2.56	0	2.5	0	3.88	0	3.58	0	0
20	0	6.35	0	6.70	0	9.50	0	8.80	0	0
15	32.82	0	12.8	0	48.48	0	17.0	0	0	0
10	9.65	0	0	13.17	9.65	0	9.65	0	0	0

第三步:编制能力负荷图。

第 2 步中计算出各工作中心每天可用能力为 7.22 定额工时,一周最大的可用能力为 7.22×5=36.10 定额工时。以工作中心 15 为例,其负荷直方图如图 8-5 所示。

第四步:能力分析与控制。

对工作中心的负荷图进行分析。若能力超过定额则表示超负荷;若能力低于定额则表示低负荷。以工作中心 15 为例,时段 1、2、3、4、6、7、8、9、10 是低负荷;时段 5 则超负荷。企业需要调整生产计划使生产在负荷范围之内。

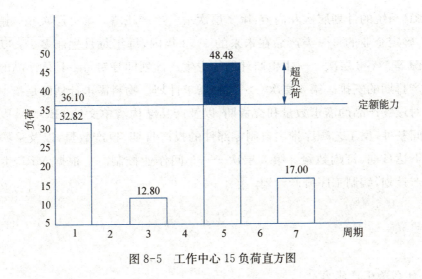

图 8-5　工作中心 15 负荷直方图

三、CRP 的优缺点

与粗能力需求计划 RCCP 相比，CRP 的优点在于：将制造订单的排产计划转换成分时间周期的能力需求。对于产品结构的所有级，也考虑了：

（1）现有库存和在制库存。从而减少完成主生产计划所需的生产能力。

（2）实际批量。更加精确地估计出各工作中心的加工时间和生产准备时间。

（3）制造提前期，依此生成了分时间周期的能力计划。

缺点：

（1）涉及 MRP、工艺路线、主生产计划、车间管理与运营各个层次的大量信息。故 CRP 信息处理计算工作量非常大，处理过程复杂。

（2）假定无限负荷，那排产时没有考虑工作中心的可用能力，而在实际生产中，每个工作中心的任务按照其优先等级排产，将会偏离工序的开始日期和结束日期。

总的来讲，CRP 模拟生产能力需求，揭示出制造瓶颈，机器的超负荷、低负荷等问题，为管理者提供了必要的信息，及早安排处理问题，实现各部门按节奏生产的目标。

本章小结

企业的生产能力是指企业的固定资产在一定时期内（年、季、月等），在合理、正常的技术组织条件下，经过综合平衡后所能生产的一定种类产品的数量。

MRP系统的计划层次和内容：第1层次——生产战略。第2层次——销售与运作计划，确定企业的每一类产品在未来的1—3年内，每年每月生产多少，以及需要哪些资源等。第3层次——主生产计划。主生产计划即是对每一具体产品的生产数量和生产日期的安排。第4层次——物料需求计划。物料需求计划即是指根据主生产计划对最终产品的需求数量和交货期，以及产品结构清单文件（BOM），以完工时期为时间基准，反工艺顺序推出自制零部件的投产日期、投产数量，以及采购件的采购订单下达日期、订购数量。第5层次——车间作业控制。它根据MRP生产的零部件生产计划，编制工序排产计划。

习题

1. 什么是生产能力？
2. 试描述MRP系统的计划层次和内容。
3. 试描述粗能力计算的步骤。
4. 制订细能力需求计划时，需要提供哪些信息？
5. 某机械加工车间，铣工工段有5台万能铣床，每台铣床每月42个工作班，每班8小时，且有效工作时间率为95%。试计算铣工工段每月的生产能力是多少？

第九章 生产作业的控制

学习目标

1. 了解生产调度的概念、目标和方法,以及调度的意义;
2. 了解单台设备的排序问题,掌握 Johnson 方法在两台设备流水型排序问题的应用;
3. 掌握现场管理的内容和意义,重点掌握 5S 管理。

基本概念

排序　流程时间　现场管理　5S

生产作业控制的内容包括:生产前督促有关部门做好生产作业准备工作;生产中做好生产调度和生产作业统计工作,检查生产作业执行情况,并通过控制投料数量、调配劳动力和设备等措施,保证生产作业按计划完成。重视现场管理,做好产品质量、生产进度和生产成本控制工作,防范生产安全事故。

第一节　生产调度概况

排序理论和方法是编制车间作业计划的基础。在介绍生产调度之前,首先介绍几个重要概念。

一、有关生产调度的几个重要的概念

(1) 排序(sequencing)。确定工件在机器上的加工顺序。

（2）编制作业计划（scheduling）。确定工件的加工顺序，以及确定机器加工每个工件的开始时间和完成时间。

（3）派工（dispatching）。按作业计划的要求，将具体生产任务安排到具体的机床加工。

（4）赶工（expediting）。在实际进度已落后于计划进度时采取的行动。

二、排序问题分类及目标

（1）排序问题的分类。排序问题分类方法如下：

① 按机器分为单件作业排序和流水作业排序。单件作业排序的特征：工件的加工路线不同；流水作业排序基本特征：所有工件的加工路线完全相同。

注意区分：加工路线与加工顺序。加工路线，假定 n 个工件要经过 m 台机器加工，某个工件经过车、铣、钻、磨的路线加工，由加工工艺决定。加工顺序，每台机器加工 n 个工件的先后顺序，是排序问题。

② 按工件到达车间的情况分：静态和动态。静态：所有工件都已到达，对工件一次排序；动态：工件陆续到达，要随时安排它们的加工顺序。

③ 按目标函数分：单目标和多目标。

（2）排序评价指标。对加工顺序安排是否合理，其评价指标包括：

① 最大流程时间 F_{max}：一批工件经过 n 台设备，从第一个工件在第一台机器开始加工时算起，到最后一个工件在最后一台机器上完成加工时为止所经过的时间。排序目标是最大流程时间最短。

② 平均流程时间：各等待加工零件流程时间的平均值。

③ 最大延期量 D_{max}：等待加工零件中完工日期超过交货期的最大值。

④ 平均延期量：各等待加工零件延期量的平均值。

（3）排序目标。排序的主要目标包括：

① 满足交货日期的需要。满足交货日期的需要是作业排序最基本的目标。因为客户往往将是否按期交付作为评价和选择供应商的重要指标，这直接影响客户的满意度。

② 降低在制品库存，加快流动资金周转。有效的作业排序，减少工件的等待时间，加快工件在整个生产过程中的流动速度，相应地降低在制品库存，进而提高资金的周转速度。

③ 降低机器设备的准备时间和准备成本。多品种小批量生产带来了频繁的设备调整问题，在作业排序时，要在满足交货时间要求的条件下，尽量延长机器设备的

连续加工时间、或采用成组技术减少设备调整费用。

④ 充分利用机器设备和劳动力。好的作业排序使得机器设备和劳动力负荷均衡,确定生产过程处于均衡、连续、有节奏状态。

第二节 生产作业的排序

一、单台设备的排序

单台设备的排序指只有一道工序的多个零件在同一台设备上加工的排序问题。假定:各零件加工时间为 t_i,目标:平均流程时间最短,$\min \bar{T}$。

SPT 规则:零件按加工时间的大小安排加工顺序,加工时间最小者最先安排。

n 个零件,零件 i 的加工时间为 t_i。这些零件只在一台设备上加工,不论加工顺序如何,最大流程时间 T 是一个固定值:

$$T = \sum_{i=1}^{n} t_i \tag{9-1}$$

式(9-1)中:t_i——零件 i 的加工时间;
　　　　　n——零件种数。

但是,排序会直接影响平均流程时间 $\bar{T}$。

平均流程时间 $\bar{T}$ 的计算公式如下:

$$\bar{T} = \frac{\sum_{j=1}^{n} T_j}{n} \tag{9-2}$$

式(9-2)中:T_j——第 j 零件的流程时间(j 为排列顺序);
　　　　　t_j——第 j 种零件的加工时间。

由 $T_j = T_{j-1} + t_j$ 得:

$T_1 = T_0 + t_1 = t_1$(当 $T_0 = 0$);
$T_2 = T_1 + t_2 = t_1 + t_2$
$T_3 = T_2 + t_3 = t_1 + t_2 + t_3$
⋮
$T_n = T_{n-1} + t_n = t_1 + t_2 + t_3 + \cdots + t_{n-1} + t_n$

$$\sum_{j=1}^{n} T_j = T_1 + T_2 + \cdots + T_n = nt_1 + (n-1)t_2 + (n-2)t_3 + \cdots + t_n \tag{9-3}$$

由上式可知,为使 $\bar{T}$ 最小,必须使 $t_1 < t_2 < t_3 < \cdots < t_n$,即零件按加工时间的大小安排加工顺序,加工时间最小者最先安排。这一安排加工顺序的方法,亦称 SPT 规则。

例 9-1 设有 5 种零件在同一台设备上加工,其加工时间及交货期如表 9-1 所示,试求加工顺序,使平均流程时间最小,并计算其值大小。

表 9-1 5 个零件的加工时间及预定的交货期

零件编号	L_1	L_2	L_3	L_4	L_5
加工时间(天)	5	2	1	3	4
预定交货期(第几天)	10	14	8	7	5

解:按 SPT 规则,加工时间最小者最先安排。因此,加工顺序为 L_3,L_2,L_4,L_5,L_1。

二、两台设备流水型排序

一批零件的生产流程相同,都经过两道工序,或 2 台设备加工。如何排序,实现最大流程时间最小的目标?

设 t_{iA},t_{iB} 分别为零件 i 在第一台设备 A,第二台设备 B 上的加工时间,则用约翰逊法确定零件加工顺序。步骤如下:

第一步:列出所有零件的加工时间表;

第二步:找出最短加工时间;如果最短的加工时间属第二工序,则将该零件排在最后,如属第一工序,则排在最前面;

第三步:删除已排定加工顺序的零件;

第四步:重复步骤二、三,直至所有零件加工顺序排定为止。

例 9-2 5 个零件在两台设备上加工,且工艺顺序相同,零件的加工时间见表 9-2,试安排其加工顺序,使其最大流程时间最小,并求 $\min T_{\max}$。

表 9-2 5 个零件加工时间

零件编号		L_1	L_2	L_3	L_4	L_5
加工时间	t_{iA}	5	3	10	8	7
	t_{iB}	6	9	4	2	1

解:应用约翰逊法求解,具体过程如表 9-3 所示。

表 9-3 应用约翰逊法求解过程

加工顺序安排					加工时间		零件编号				
							L_1	L_2	L_3	L_4	L_5
				L_5		t_{iA} t_{iB}	5 6	3 9	10 4	8 2	7 ①
			L_4	L_5		t_{iA} t_{iB}	5 6	3 9	10 4	8 ③	
L_2			L_4	L_5		t_{iA} t_{iB}	5 6	③ 9	10 4		
L_2	L_1	L_3	L_4	L_5		t_{iA} t_{iB}	5 6		10 ④		

用横道图法求得五种零件的最大流程时间为 35 小时(图 9-1)。

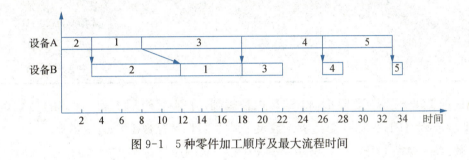

图 9-1 5 种零件加工顺序及最大流程时间

三、排序规则

排序优先规则包括:

(1) 按到达的先后顺序,即最先到达的零件先加工;

(2) 按加工时间大小顺序,即加工时间最少的最先加工;

(3) 按交货期前余裕小的次序,从交货期中减去总加工时间,从宽裕时间最小的零件开始加工;

(4) 按留待的总作业时间多少的次序,从留待加工的作业时间合计为最大的任务开始,依次进行加工;

(5) 按留待加工工序多少的次序,不考虑加工时间,而仅考虑工序的多少,留待加工工序越多,等待加工时间也多,因此,尽量先加工。

在实践中,有时可将几种规则加以组合,对于一般零件采用 FCFS 规则,对配套缺件采用 SLACK 规则，对工序多、生产周期长的零件采用 MWKR 或 MOPR 规则等。

利用 SPT、EDD、FCFS、SCR 等优先规则进行作业排序的排序结果在这几个指标上存在着比较大的差异。

例 9-3 某加工车间要为 2003 年 9 月加工的 6 批产品进行作业排序，每批的件数相同，都是 1 000 件，公司对各种产品的加工时间都设定了定额工时，销售部门提出了各种产品的预定交货期，如表 9-4 所示。

表 9-4 产品加工定额工时及预定交货期

产品	加工定额工时(天)	预定交货期
BY050	10	2003 年 9 月 22 日
GL310	7	2003 年 9 月 15 日
GM270	8	2003 年 9 月 17 日
BY471	6	2003 年 9 月 20 日
LN002	4	2003 年 9 月 25 日
LY120	5	2003 年 9 月 18 日

根据 FCFS、SPT、EDD、和 SCR 四种规则，分别计算不同排序方案的总流程时间、平均流程时间、平均延期交货天数及平均在制品库存数。

解：(1) 遵循 FCFS 规则排序。FCFS 的排队顺序是按照待加工的产品从上一道工序转到该加工工序的先后顺序来确定的，即这 6 批产品的加工顺序应为 BY050—GL310—GM270—BY471—LN002—LY120，其排序结果如表 9-5 所示。

表 9-5 FCFS 规则的排序结果

加工顺序	加工时间(天)	流程时间(天)	预定交货日期	延期交货天数
BY050	10	10	22 日	0
GL310	7	17	15 日	2
GM270	8	25	17 日	8
BY471	6	31	20 日	11
LN002	4	35	25 日	10
LY120	5	40	18 日	22
合计	40	158		53

总流程时间＝158(天)

平均流程时间＝总流程时间/型号数＝158/6＝26.3(天)

平均延期交货天数＝延期交货总天数/型号数＝53/6＝8.83(天)

时间跨度＝40(天)

平均在制品库存数＝总流程时间/时间跨度×批量＝(158/40)×1 000＝3 950(件)

(2) 采用 SPT 规则。SPT 优先规则为优先选择加工时间最短的产品。根据 SPT 规则,这 6 批不同的产品的加工顺序应为 LN002—LY120—BY471—GL310—GM270—BY050,其排序结果如表 9-6 所示。

表 9-6 SPT 规则的排序结果

加工顺序	加工时间(天)	流程时间(天)	预定交货日期	延期交货天数
LN002	4	4	25 日	0
LY120	5	9	18 日	0
BY471	6	15	20 日	0
GL310	7	22	15 日	7
GM270	8	30	17 日	13
BY050	10	40	22 日	18
合计	40	120		38

总流程时间＝120(天)

平均流程时间＝120/6＝20(天)

平均延期交货天数＝38/6＝6.3(天)

时间跨度＝40(天)

平均在制品库存数＝120/40×1 000＝3 000(件)

(3) 采用 EDD 规则。EDD 规则将最早预定交货期限作为优先选择标准。根据 EDD 规则,这 6 批产品的加工顺序为 GL310—GM270—LY120—BY471—BY050—LN002,其排序结果如表 9-7 所示。

表 9-7 EDD 规则的排序结果

加工顺序	加工时间(天)	流程时间(天)	预定交货日期	延期交货天数
GL310	7	7	15 日	0
GM270	8	15	17 日	0
LY120	5	20	18 日	2
BY471	6	26	20 日	6
BY050	10	36	22 日	14
LN002	4	40	25 日	15
合计	40	144		37

总流程时间＝144(天)

平均流程时间＝144/6＝24(天)

平均延期交货天数＝37/6＝6.17(天)

时间跨度＝40(天)

平均在制品库存数＝144/40×1 000＝3 600(台)

（4）采用 SCR 规则。SCR 规则为优先选择关键比例最小的产品，关键比例＝（预期交货期－当前日期）/余下的加工时间。根据 SCR 规则，这 6 批产品的加工顺序为 GM270—GL310—BY050—BY471—LY120—LN002，排序结果如表 9-8 所示。

表 9-8 SCR 规则的排序结果

加工顺序	关键比例	加工时间(天)	流程时间(天)	预定交货日期	延期交货天数
GM270	2.13	8	8	17 日	0
GL310	2.14	7	15	15 日	0
BY050	2.2	10	25	22 日	3
BY471	3.33	6	31	20 日	11
LY120	3.6	5	36	18 日	18
LN002	6.25	4	40	25 日	15
合计		40	155		47

总流程时间＝155(天)

平均流程时间＝155/6＝25.8(天)

平均延期交货天数＝47/6＝7.83(天)

时间跨度＝40(天)

平均在制品库存数＝155/40×1 000＝3 875(台)

将以上 4 种规则的排序结果汇总，如表 9-9 所示。

表 9-9 四种规则的排序结果比较

规则	平均流程时间(天)	平均延期交货天数	平均在制品库存数
FCFS	26.3	8.83	3 950
SPT	20	6.3	3 000
EDD	24	6.17	3 600
SCR	25.8	7.83	3 875

从以上例子可知，FCFS 和 SCR 两种规则的效率较低，既导致较高的平均流程时间，又造成较多的在制品库存。一般而言，SPT 和 EDD 是两种较优的排序规则，是企业排序时常用的优先规则。SPT 规则可使工件的平均流程时间最短，减少在制

品的库存数量,从而减少企业的资金占用,降低成本。EDD 规则可使工件延期交付时间较小,能够导致较高的客户满意水平。

第三节 生产现场管理

什么是现场管理?为什么要重视现场管理?如何做好现场管理?下面一一回答这些问题。

一、现场管理的意义

工厂中常见的现场管理问题:
(1) 仪容不整的工作人员;
(2) 机器设备保养不当;
(3) 原材料、半成品、成品、待修品、不合格品等随意摆放;
(4) 工夹具、量具放置不规范;
(5) 通道被占;
(6) 工作场所脏污。

这些现场管理问题直接影响生产质量、进度和成本。因此,有人说,工厂是最好的展览室——现场差,则市场差。客户选择供应商时,一般会到生产现场去考察。通过现场考察,确定供应商是否具备完成订单的生产能力和技术水平。

为了做好现场管理,企业最高领导要亲自参与改进,亲自跟进。例如,丰田公司的最高领导长年坚持到生产一线进行巡视调查,了解企业的一线情况。正是领导本身对生产现场一直以来不断的关心,才使丰田生产方式得以持续的发展。

二、什么是现场管理

既然现场管理如此重要,如何理解现场管理?现场管理是为满足顾客需求(交货期、品质、价格、售后服务),通过众人的智慧与努力,持续不断改进工艺和生产流程,推广和应用现代管理方法,加强设备管理和产品质量管理,解决现场"脏、乱、差"问题,实现 Q(quality,质量)、C(cost,成本)、D(delivery,交货期)、P(production,效率)、S(safety,安全)、M(morale,员工士气)六大管理目标。

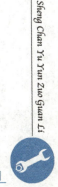

做好现场管理，关键在于人的思想和主观能动性。因此现场管理的主要思路：不断提高人的素质，发挥人的积极性和创造力。

【案例分析9-1】 丰田喜一与现场管理

有一天，丰田喜一（丰田汽车创办人）巡视工厂，看到一名员工搔着头，喃喃自语地说研磨机不运转了，丰田喜一看了那位作业员一眼，然后卷起自己的袖子，把双手伸进油底盘，捞出两手满满的沉淀物，丰田喜一将沉淀物放置一旁，告诉作业员及旁边的管理人员："不把手弄脏，怎么把工作做好？"丰田喜一的这则故事已经成为丰田公司的重要文化资产。

本案例取自丰田公司内部文件〈丰田模式〉

好的生产现场管理，主要标志如下：
(1) 均衡生产，调度有序；
(2) 产品质量，控制有力；
(3) 定员定额，先进合理；
(4) 物流有序，原辅材料，供应及时；
(5) 纪律严明，考核严格；
(6) 设备完好，运转正常；
(7) 安全第一，消除隐患；
(8) 摆放整齐，文明生产；
(9) 信息畅通，原始记录齐准快明；
(10) 士气高涨，协调一致。

三、5S 管理

如何做好现场管理？现场管理常用的方法包括："5S"管理、目视管理、定置管理等。这里重点介绍 5S 管理。

5S 管理指对生产现场各生产要素，如物料、工具和设备，不断地进行整理（seire）、整顿（seition）、清扫（seiso）、清洁（seiketsu），以达到提高素养（shitsuke）目的。

1. 整理：不需要的东西下决心扔掉

生产物料、生产工具众多，工人花很多时间来找。寻找物料和工具不是工作，是典型的浪费。因此 5S 第一步工作就是整理：不需要的东西下决心扔掉。

整理的有效方法是"红标签工作"。所谓的"红标签工作"是指在不需要的东西上贴上红标签，不管是谁都能一眼看到这些不要的东西。之所以叫红标签，是因为标签由红色的纸做成,非常显眼。

红标签工作的步骤:

(1) 红标签实施过程的发起。

① 成员组成:由生产、原材料、管理等的负责人组成;

② 实施期限:一个月左右。

(2) 红标签对象的决定。

① 直接生产部门的库存——原材料、零部件、半成品、成品;

② 直接生产部门的设备——机器、工具、推车、托盘、作业台、椅子、桌子、架子;

③ 间接生产部门的机器——计算机、打字机、传真机和复印机;

④ 间接生产部门的备用品——陈列橱、锁、图书、杂志等。

(3) 明确红标签基准。以什么基准,判断需要的和不需要的东西?一般可以以时间为基准。例如,"过去一个多月没有使用过的物料"贴上红标签;"今后一个多月预计不会使用的"贴上红标签;其他判断的基准,如次品或不明物品等,如表 9-10 所示。

表 9-10 红标签示例

产品名称:
数　　量:
理　　由:不要、不急、次品、不明、剩余材料、其他
处置方法:废弃、退还、另外保管、其他
日　　期:

(4) 贴红标签和对贴红标签物品的处理。小组成员和现场的监督人员巡视,并进行客观地判断。贴上红标签时,说明理由以及处置方法。同时做成淘汰品一览表并保留记录。见表 9-11。

表 9-11 淘汰品一览表

产品名称	产品号	数量	金额	区别处理	备注

2. 整顿:想要的东西随时能取出来

整理好的零部件、材料和工具都要有各自的场地和摆放位置。一般是按使用频率大小由近到远摆放,经常用的放得近。

整顿主要做好这三个方面工作：一是场地标示：标明物品存放的地点；二是数量标示：使用标明物品数量的生产推车和托盘，清楚表明物品的数量；三是用完的物品归还原位，工装器具按类别、规格摆放整齐。

判断整顿是否到位的标准：产品的位置、数量都让人一目了然，过目知数，就说明整顿到位了。见图9-2。

图9-2　整顿好的物品摆放

3. 清扫：把工作场所打扫干净，清除作业现场的垃圾

清扫有两种类型，一种是清洁环境的"卫生型清扫"；另一种是使机器能一直处于良好的状态，并进行改进的"保养型清扫"，如图9-3所示。"保养型清扫"通过清扫检查和保养使机器保持最佳状态。这种清扫本质上讲是改善，应该大力推行。

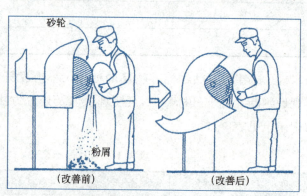

图9-3　"卫生型清扫"和"保养型清扫"

安全和卫生优先于一切，应该培养员工"良好的工作环境由自己的手来创造"的理念。改变检查前临时突击，为了不被扣钱而打扫卫生的想法和做法。

4. 清洁：使整理整顿后的状态得以维持和继续

整理、整顿、清扫这三项工作的坚持与深入，就是清洁。包括对人体有害的油、尘、噪音、有毒气体的根除。清洁美化现场,使职工愉悦。

不仅工作环境要清洁,工作人员着装、仪表也要清洁。更高层面的清洁,则是工作人员精神上"清洁"。上至领导、下至员工,团结向上,有朝气,相互尊重,有一种催人奋进的气氛。

5. **素养**:即形成制度,养成良好习惯

为了做好 5S 管理工作,除了组织保障之外,还需建立科学合理的考核制度,参见表 9-12。

表 9-12 5S 核查明细表

5S		检查项目	差	一般	中等	较好	很好	合计
整理	1	是否已制作红标签	1	2	3	4	5	/20
	2	现场是否有不需要的物品	1	2	3	4	5	
	3	是否把非急用品、保管物品拿出了作业区域,放置地方是否明确	1	2	3	4	5	
	4	是否把私有物品带入生产现场	1	2	3	4	5	
整顿	5	布告栏、桌子上、桌子里面是否整理了	1	2	3	4	5	/20
	6	是否决定和标示了工具的放置地点	1	2	3	4	5	
	7	有没有标示材料、产品、工具、容器等的放置地点	1	2	3	4	5	
	8	过道是否有杂物	1	2	3	4	5	
清扫	9	清扫是否已经形成了习惯	1	2	3	4	5	/20
	10	是否决定了每个区域清扫的负责人	1	2	3	4	5	
	11	作业区域、过道中的垃圾是否清理了	1	2	3	4	5	
	12	整个工作环境是否窗明几净	1	2	3	4	5	
清洁	13	工作环境乱了是否立刻整理	1	2	3	4	5	/20
	14	脏了是否立刻清洁	1	2	3	4	5	
	15	工作环境清洁度如何	1	2	3	4	5	
	16	5S 是否已经成为习惯	1	2	3	4	5	
修养	17	打招呼是否声音洪亮、精神抖擞	1	2	3	4	5	/20
	18	全体员工是否始终微笑、目光炯炯有神	1	2	3	4	5	
	19	对前后工序的延误是否互相帮忙	1	2	3	4	5	
	20	对来访者是否会立即注意到	1	2	3	4	5	
		5S 稳定度综合分数			/100			

 **本章小结**

生产作业控制的中心则是生产调度。生产调度主要任务是安排加工顺序。

对加工顺序安排合理与否的评价尺度有：最大流程时间 F_{max}、平均流程时间、最大延期量 D_{max}、平均延期量。

生产作业控制的内容包括以下几项：①检查生产作业准备工作的进行情况，包括：原材料、毛坯的准备；图纸及技术文件的准备；工艺装备的准备；设备及运输工具的准备等。②检查生产作业计划的执行情况，掌握生产动态，了解实际生产进度与计划之间的偏差，根据偏差产生的原因，采取相应的措施。③根据生产需要，合理调配劳动力。检查和调整厂内运输工作，使厂内运输流畅，保证生产顺利进行。④重视现场管理。

现场管理的主要思路：不断提高人的素质，发挥人的积极性和创造力。对产品质量和工作质量的管理，是优化生产现场管理的关键；对设备与物流的管理是优化生产现场管理的重点。5S 管理指整理、整顿、清扫、清洁和素养。

 习题

1. 生产作业控制的内容有哪些？
2. 什么是现场管理，现场管理内容是什么？
3. 什么是 5S 管理，如何推行 5S 管理？
4. 评价排序的指标有哪些？
5. 什么是 SPT 规则、EDD 规则和 FCFS 规则？

参考文献

1. 洪国芳.生产管理学[M].哈尔滨工业大学出版社,1995.
2. 陈荣秋,马士华.生产与运作管理(第5版)[M].高等教育出版社,2017.
3. 任建标(译),理查德.B.蔡斯(著).运营管理(第9版)[M].机械工业出版社,2003.
4. 任建标(译),杰拉德·卡桑,克里斯蒂安·特维施.运营管理:供需匹配的视角(第2版)[M].中国人民大学出版社,2013.
5. 段文燕(译),亨利·西斯克(著).工业管理与组织[M].中国社会科学出版社,1985.
6. 张扬(译),亨利·法约尔(著).工业管理与一般管理[M].北京理工大学出版社,2014.
7. 潘志洪.车间管理手册[M].科学技术文献出版社,1986.
8. 傅和彦.生产计划与管制(修订版)[M].厦门大学出版社,2013.
9. 潘尔顺.生产计划与控制[M].上海交通大学出版社,2003.
10. 陆力斌.生产与运营管理[M].高等教育出版社,2013.
11. Wallace J. Hopp, Mark L. Spearman. Factory physics foundations of manufacturing management (2nd ed.)[M]. McGraw-Hill, Inc, 2001.
12. 韩伯棠(译),罗杰·施罗德(著).运作管理(第4版)[M].北京大学出版社,2004.
13. 王文信.采购管理[M].厦门大学出版社,2008.
14. 王文信.仓储管理[M].厦门大学出版社,2012.
15. 马风才.运营管理(第3版)[M].机械工业出版社,2015.
16. 陈志祥.生产与运作管理(第2版)[M].机械工业出版社,2014.
17. 王瑞珠(译),门田安经弘(著).新丰田生产方式(第3版)[M].河北大学出版社,2008.
18. 蔡临宁(译),迈耶斯,斯蒂芬斯(著).制造设施设计和物料搬运(第2版)[M].清华大学出版社,2006.
19. 刘树华,鲁建夏.精益生产[M].机械工业出版社,2014.
20. 程控,革扬.MRPII/ERP原理与应用(第2版)[M].清华大学出版社,2006.

21. 刘丽文.生产与运作管理(第5版)[M].清华大学出版社,2016.
22. 张群.生产与运作管理(第3版)[M].机械工业出版社,2014.
23. 庄品.生产与运作管理(第3版)[M].科学出版社,2018.
24. 蔡世馨,于晓霖.现代生产管理[M].东北财经大学出版社,2005.
25. Jay Heizer, Barry Render. Operations Management(5th ed.)[M]. Prentice-Hall, Inc. 1999.
26. 周宏明,蒋祖华,等.设施规划[M].机械工业出版社,2013.
27. Richard B. Chase. Operations management for competitive advantage(9th ed.)[M]. China Machine Press,2002.
28. Steven Nahmias. Production and Operations Management (4th ed.)[M]. McGraw Hill,2002.
29. 斯蒂芬·P. 罗宾斯.管理学(第11版)[M].中国人民大学出版社,2014.
30. 吕文元.先进制造设备维修理论、模型和方法[M].科学出版社,2012.

图书在版编目(CIP)数据

生产与运作管理/吕文元著. —上海:复旦大学出版社,2020.1
(复旦卓越.21世纪管理学系列)
ISBN 978-7-309-14715-5

Ⅰ.①生… Ⅱ.①吕… Ⅲ.①企业管理-生产管理-高等学校-教材 Ⅳ.①F273

中国版本图书馆 CIP 数据核字(2020)第 019163 号

生产与运作管理
吕文元 著
责任编辑/方毅超

复旦大学出版社有限公司出版发行
上海市国权路 579 号 邮编:200433
网址:fupnet@fudanpress.com http://www.fudanpress.com
门市零售:86-21-65642857   团体订购:86-21-65118853
外埠邮购:86-21-65109143
大丰市科星印刷有限责任公司

开本 787×1092 1/16 印张 12 字数 217 千
2020 年 1 月第 1 版第 1 次印刷

ISBN 978-7-309-14715-5/F·2646
定价:36.00 元

如有印装质量问题,请向复旦大学出版社有限公司发行部调换。
版权所有 侵权必究